REQUIEM POUR LA VIE

Le professeur Léon Schwartzenberg affronte quotidiennement l'une des maladies qui posent le plus de questions — physiques, affectives, morales, philosophiques —, le cancer, c'est-à-dire la mort installée dans le corps. Le cancer représente l'incarnation du mal. Ainsi, nous parlons du cancer de la guerre, du cancer de la misère, du chômage, du racisme. Et la crainte que ce seul mot inspire engage encore médecins et familles à taire la réalité.

Si mentir au malade c'est escamoter sa vie, son destin d'homme vivant, c'est un choix aussi important que celui de choisir sa mort. Doit-on cacher la vérité au malade sous prétexte de charité, doit-on la lui dire par respect pour sa dignité ? Doit-on masquer la vérité aux citoyens sous prétexte de bienveillance, doit-on la dire par respect d'égalité ? Le pouvoir peut-il être préservé au prix du mensonge ?

Le secret d'une vie n'appartient qu'à son dépositaire. Il peut en faire ce qu'il veut, et s'il lui arrive, au terme de son existence, de demander de l'aide, dernière caresse de sa liberté, la réponse doit s'efforcer d'être la même que celle de Nietzsche : « Qu'y a-t-il de plus humain ? Epargner la honte à quelqu'un. »

Aug. 1er 1988.

C'est heureux qu'il
ait une belle couverture
puisque le couteau reste le
en mystère

A vous admirer,

Capucine.

LÉON SCHWARTZENBERG

Requiem pour la vie

LE PRÉ AUX CLERCS

Un livre présenté par Jean-Claude Simoen

Une fin d'après-midi d'hiver, dans un hôpital parisien, assemblée générale. Sujet du débat : « Les relations médecins-malades. » La salle est pleine : médecins, infirmières, agents hospitaliers, malades, tous ceux qui ont bien voulu venir.

On aborde la discussion « Vérité au malade ». Echanges parfois vifs. Conclusion d'ensemble : « La réponse n'est pas simple, ça dépend des cas. » Soudain, dans la salle : « Non! » Une jeune femme, une malade, en robe noire, debout, d'une voix aiguë, exaspérée : « Il faut le dire à tout le monde. Qu'est-ce qui vous permet de décider de le dire à certains et pas à d'autres? D'où tirez-vous ce droit? »

Elle quitte la salle. Un silence suit cet éclat, puis certains tentent d'expliquer : « Elle est malade au milieu de bien-portants. » « Elle est en traitement et côtoie des malades guéries... »

La réunion terminée, le soir, dans la nuit parisienne, illuminée et bruyante, la voix jeune presque déchirante revenait : et si c'était elle qui avait raison?

FACE A LA VÉRITÉ

CHRONIQUEUR, écrivain des plus célèbres, des plus appréciés par ses lecteurs, des plus reconnus par ses collaborateurs, ses confrères, il a toujours vécu avec le souci dans sa vie professionnelle et dans sa vie privée du respect de la vérité. Il l'a dit. Il l'a écrit. Il l'a prouvé. Et lorsque, au début de sa carrière, encore jeune reporter, il avait osé parler de la mort et de la maladie et s'était entendu maintes fois poser la question : « Pourquoi vous? », il répondait invariablement : « Un chien regarde bien un évêque, un mécanicien ou un journaliste peuvent bien regarder la mort. »

A un de ses amis médecin auquel on avait offert d'écrire un livre sur les rapports à notre époque des médecins et de leurs malades, il avait conseillé d'accepter : « Pourquoi vous, médecins, ne dites jamais la vérité? »

Un peu plus tard, il décidait, lui aussi, de faire valoir par écrit les rapports de vérité qu'il souhaitait entretenir avec ses lecteurs. Il voulait ainsi accomplir une fois de plus le rêve de sa vie : l'ennoblissement du métier de travailleur manuel et intellectuel et de celui de journaliste. Qui raconte ce qu'il voit. Tout ce qu'il voit. Comme il le voit. Sans rien cacher qui ne soit montrable, c'est-à-dire sans rien montrer qui attente à la dignité humaine. Il n'existe pas de secret qui ne doive être livré s'il n'agresse pas un être humain dans sa profondeur. La vérité doit toujours être dite. Elle est toujours positive, même malheureuse. Elle est révolutionnaire parce qu'elle gêne l'ordre établi. Vérité des machines. Des corps. Des êtres humains. Mécanicien. Médecin. Chroniqueur. Journaliste. Historien. Il ne suffit pas de relater les événements contemporains, il faut les analyser.

La cinquantaine, la démarche traînante et un peu ondulante, la voix assourdie plutôt qu'élevée et qu'on dit habituellement posée, un sourire toujours agréablement surprenant lorsqu'il éclaire un visage dont le regard est situé derrière des verres de lunettes à monture très fine, il n'avait aucun mérite à faire partie de l'élite de sa profession : sa présence y semblait naturelle.

Il part en vacances en août comme chaque année au bord de la mer. Il en revient après un mois, un peu trop tôt à son gré (« on ne devrait jamais revenir si tôt de vacances ») car il est encore fatigué, presque aussi fatigué qu'avant son départ. D'autant plus qu'une petite chute sur son bateau a entraîné des douleurs dans le dos qui persistent. Depuis cet accident, sa démarche un peu boiteuse, presque chaloupée, s'est accentuée.

Il reprend son travail de la même manière, précise, respectueuse. Les pluies automnales, l'atmosphère parisienne augmentent parfois les douleurs du dos et l'amènent à consulter un rhumatologue qui, rassuré par des examens radiographiques ne décelant aucune lésion osseuse, finit par prescrire un repos allongé, seul capable d'améliorer cet état. De temps à autre, il téléphone à son copain médecin. Celui-ci vient le voir et le trouve un peu fatigué. Alors, ennuyé par les douleurs persistantes de son ami, et surtout pour calmer sa propre angoisse (à force de côtoyer des

8

malades porteurs d'affections difficilement guérissables, il finit par avoir avec ces maladies des rapports passionnels), il cherche à éliminer l'ennemi principal dont il redoute la présence. Un examen radiographique du squelette entier à l'aide d'isotopes radioactifs (« scintigraphie osseuse »), plus précis que le simple examen radiographique de routine, va permettre de mieux détecter les lésions osseuses si elles existent. Cet examen semble s'imposer d'autant plus que les douleurs s'accentuent et que le repos au lit n'arrange rien.

La scintigraphie osseuse est effectuée un lundi d'octobre et, quelques heures plus tard, le verdict tombe : altérations osseuses multiples au niveau des côtes et du bassin dues aux métastases d'un cancer dont il faut maintenant rechercher le point de départ. Lui, qui deux mois plus tôt partait en vacances tranquille et en était revenu prêt à prendre une place de premier plan dans la direction de son entreprise, non seulement il a un cancer mais un cancer déjà avancé.

Des métastases osseuses : à quoi peut-on penser? A quoi faut-il penser d'abord? Au cancer de la prostate, celui-là on peut le soigner. Au cancer de la thyroïde, on peut le soigner mieux encore, mais les images n'y ressemblent guère. A un cancer du sein, c'est rare chez l'homme mais ça peut se voir. A un cancer du rein, c'est fichu. A un cancer d'ailleurs, du poumon, du tube digestif, c'est fichu aussi.

L'après-midi passe. Le soir arrive. Il attend le résultat. Que faut-il faire? Que faut-il lui dire? Dans sa tête les deux réponses se mêlent, s'entrecoupent, s'intercalent, se battent, pour toujours aboutir au même carrefour : lui dire le cancer, lui parler de métastases, lui enlever tout espoir : pas possible; lui dire que rien n'est encore certain, qu'il faut continuer à chercher, puisqu'on ne connaît pas le cancer primitif, lui laisser de l'espoir : pas à lui. Il a tellement toujours désiré savoir, plaidé, prêché presque pour faire savoir, écrit pour qu'on ne cache pas. Ai-je le droit de lui mentir? Après tout ce qu'il m'a dit et qu'il a dit aux autres, qu'il écrivait et disait alors qu'il était bien-portant, ai-je le droit de lui dire maintenant qu'il est malade? Un malade demeure un homme, disait-il aussi, et le médecin doit demeurer un homme. Et l'ami doit rester l'ami, honorer ses engagements. Pourtant, y a-t-il déshonneur à désobéir à un serment si c'est pour le bien de la personne au nom de qui on l'a prêté? Il existe des dissimulations respectables après tout, presque sacrées, celles auxquelles on donne justement le nom de pieux mensonges, et qu'on a l'habitude d'appeler la charité.

Dans une tête triste, les pensées se heurtent comme un encombrement et on a beau tourner, une seule voie finit toujours pas se dégager : celle du diagnostic donné, celle de la vérité. Et le soir, il faut lui parler :

« Allô?

– Comment ça va, vieux? Alors, les résultats?

– Je viens vous voir. »

C'est décidé. Le copain n'a rien pu répondre d'autre, même « pas trop mal », il n'a rien répondu du tout. Et il se rend à pied au domicile de son ami. Il pourra mieux ainsi composer son attitude, maîtriser son émotion. Les yeux fixés sur le chemin qu'il connaît par cœur, fait des rues de sa jeunesse, parcourues de voitures en folie, des trottoirs dont les dalles rainurées ont maintes fois abrité les interrogations secrètes de l'enfance (« Si j'arrive en courant à les chevaucher toutes sans empiéter sur une seule, j'aurai réussi ma composition... »).

Devant la maison, à côté de la porte cochère fermée le soir par crainte des rôdeurs, la femme de l'ami attend pour lui permettre d'entrer. Elle interroge :

« Alors, c'est grave?

« – Oui, très grave.

– Je m'en doutais. »

Ils se prennent dans les bras. C'est à elle qu'on va poser la question, elle à qui on avait failli mentir dans le temps, elle qui faisait un véritable « credo » de la vérité au malade, qui affichait presque dans la vie cette règle de conduite, véritable apôtre des rapports de sincérité, et qui regardait comme autant de scandales tous les cas si fréquents autour d'elle où le malade était traîné dans le mensonge et dans la duperie :

« Il faut lui dire?

– Bien entendu. Il n'est pas question de lui mentir. Il ne voudrait pas. Il nous le reprocherait toujours. »

Les étages sont montés, lentement. La porte était restée ouverte. Il arrive :

« Alors, vieux? »

Question banale, presque habituelle, comme : bonjour, énoncée simplement. La réponse, le médecin va la faire de la façon la plus stupide, la moins efficace, la moins honorable :

« C'est une saloperie », dit-il, et il s'assoit en pleurant. Quelques secondes de silence. Alors, le malade :

« Allons, remettez-vous. C'est pour moi que vous pleurez ainsi? »

Le médecin baisse la tête :

« Qu'est-ce que c'est?

– Un cancer. »

Et c'est le malade qui va consoler son copain.

« Ne vous en faites pas tant, mon vieux. Il ne faut pas vous mettre dans un état pareil. »

Le calme une fois revenu, la discussion médicale pourra commencer, objective :

« La scintigraphie a décelé au niveau de certains os des lésions cancéreuses. Ces lésions sont secondaires à un cancer primitif qu'il s'agit maintenant de détecter.

– A mon avis, c'est le poumon, coupe le malade, grand fumeur.

– Ça m'étonnerait. En tout cas, il n'y a aucune certitude.

– Je vous dis que c'est le poumon.

– Rien ne le prouve.

– Et les trois paquets que je fume depuis l'âge de vingt ans? D'ailleurs, qu'est-ce que ça pourrait être d'autre?

– La prostate. Dans ce cas on peut vivre plusieurs années.

– Combien?

– Au moins cinq ans.

– Ça peut être autre chose?

– Oui, le rein. Là c'est plus mauvais.

– Combien?

– Six mois. En moyenne. Mais avec les progrès thérapeutiques actuels, on peut faire mieux. »

Après quelques lourds instants, il se tourne gentiment vers sa femme :

« Ma pauvre chérie, il va falloir que tu t'habitues sans moi. Tu ne t'y attendais pas, dis, que je te fasse cette vacherie? Excusez-moi. Je vais aller faire un tour. Un petit tour du pâté de maisons. Seul, je préfère. »

Dix minutes s'écoulent durant lesquelles sa présence s'impose, silencieuse, et l'admiration pour sa conduite. Il revient. Un plan est établi. Il convient de multiplier les examens pour trouver le cancer primitif. En même temps, on décide de calmer les douleurs devenues presque insupportables à l'aide de rayons dirigés sur les régions osseuses les plus sensibles.

« A demain. »

Rendez-vous est pris avec le radiothérapeute : les séances commencent dès le lendemain. Les poumons sont examinés en priorité : radiographie, fibroscopie, biopsie. Rien. Indemnes. Il est soulagé. Au moins n'est-il pas responsable de son malheur. La prostate est examinée, réexaminée. Normale. Les reins sont examinés le samedi suivant, et l'échographie semble révéler une image anormale au niveau du rein droit. C'est suffisant pour l'urologue : forte suspicion de cancer du rein, à prouver par d'autres investigations.

Les douleurs qui devaient être calmées par l'irradiation s'exacerbent au début, exigent un soir le recours au palfium qui, pour la première fois depuis de longues semaines, réussira à faire retrouver le sourire au malheureux, qu'un tel soulagement étonne au point de le rendre euphorique. Cependant, un examen radiographique des reins ne permet pas d'affirmer le diagnostic. Et l'iode injecté pour visualiser les voies urinaires est mal toléré : des troubles respiratoires font appeler en urgence le radiothérapeute, le copain étant parti pour un congrès médical à l'étranger.

Il ne se rend plus guère que de temps à autre à son bureau. On décide alors, en raison de la fatigue et des douleurs, de laisser passer l'épisode actuel et d'attendre l'action antalgique retardée de la radiothérapie pour reprendre les examens.

Mais il continue à avoir mal, ne prend le palfium qu'à faible dose, craignant de voir s'obscurcir sa conscience. Un après-midi, désespéré, à bout de course, « prêt à se flinguer », il téléphone à la vieille copine qui travaille avec lui depuis des années, qu'il aurait souhaité tenir à l'écart, mais qui est médecin et connaît le Tout-Paris médical. Emue par ses souffrances, elle appelle aussitôt un des grands spécialistes de l'anesthésie, un des premiers à avoir importé en France après 1945 les méthodes de l'anesthésie américaine, afin qu'il vienne essayer d'apaiser les douleurs par une bonne répartition des médicaments.

Une consultation commune est prévue un samedi soir en novembre. Sa vieille amie et son copain arrivent d'abord. En attendant l'anesthésiste, comme la situation semble difficile à contrôler et que la maladie s'aggrave, son copain se croit en droit de lui suggérer :

« Vous avez toujours dit, vous avez même écrit qu'on devait faire savoir. Vous avez même félicité publiquement un ministre courageux qui l'avait fait. Peut-être devriez-vous, vous qui désirez tant changer l'ordre des choses, l'annoncer : « ... Moi, à qui il était « arrivé d'en parler souvent, eh bien, voilà, à mon « tour... »

– Jamais, coupe-t-il brutalement, jamais. Je démentirai toujours. »

L'anesthésiste arrive. Il demande d'abord à s'enfermer seul avec le malade pour avoir un meilleur contact, puisqu'il est le seul à ne pas le connaître, ce qui est facilement accordé par les deux autres médecins, amis de longue date. L'entretien des deux hommes dure près d'une heure. On décide de tout reprendre de zéro. Rien ne prouve que le rein soit responsable. Et l'anesthésiste ayant trouvé une anomalie à la base droite du thorax, il faut effectuer avant tout un examen du foie. (« J'aurais dû le réexaminer aujourd'hui », pense, honteux, son copain.)

Lundi matin, le malade arrive devant le radiologue, dégoûté et presque agressif :

« C'est le foie.

– Ça m'étonnerait », répond le radiologue.

Et après une heure : foie normal. Il faut chercher

ailleurs. On cherche à nouveau du côté de la prostate. Nouvel urologue. Prostate normale.

Deux jours plus tard, en fin d'après-midi, son copain va le voir. Il est arrêté par sa femme en bas de l'escalier, près de la loge de la concierge :

« Non. Il vaut mieux que vous ne montiez pas. Il en a assez. Il ne veut plus voir de médecins. Il a envie d'être seul quelques jours, de se reposer.

– Bien sûr. Je comprends tout à fait... Mais, ses douleurs? Les calmants, qui va les prescrire?

– L'anesthésiste s'en occupe.

– Bien... En somme, il ne souhaite plus voir son vieux copain.

– Ce n'est pas ça. Essayez de comprendre.

– J'ai compris. »

Et le médecin s'en va, humilié. Moins de quatre semaines après avoir appris à son ami qu'il était atteint d'une maladie mortelle, il est chassé. Il endosse alors l'habit du médecin. Il ne demandera pas de comptes à son ami qui est malheureusement entré dans la peau du malade. La règle d'or veut qu'un médecin ne sollicite jamais un malade qui ne fait plus appel à lui. C'est leur vieille amie qui va jouer le rôle d'amie-médecin et le tiendra au courant. Une semaine plus tard, de sa belle voix aux inflexions graves et presque chatoyantes :

« Je tenais à vous téléphoner. Il faut que vous attendiez, que vous soyez patient.

– ...

– Je comprends que vous soyez dans un tel état, que vous soyez triste. Moi-même, cela doit se voir sur mon visage. Ainsi, hier après-midi, à la Commission de Recherche médicale, le Professeur que vous connaissez bien s'est inquiété de ma mauvaise mine. Je n'ai pas eu la force de lui en cacher la raison. Il m'a aussitôt proposé, vous le connaissez et savez combien il est humain, d'aller voir le malheureux malade. Pas d'un point de vue médical. Il tient à s'en occuper sur le seul plan humain et affectif. »

Ainsi tenu à jour, ou plutôt à semaine, le copain apprend un peu plus tard « que rien n'est encore prouvé, que la preuve du cancer n'est pas faite, qu'une recherche approfondie de la cause la plus probable, un cancer de la prostate, avec recherche tous les matins de cellules cancéreuses dans l'urine et biopsie chirurgicale effectuée systématiquement, n'a rien apporté – qu'il y a 80 p. 100 de chances qu'il s'agisse d'un cancer, mais 20 p. 100 que ce soit autre chose... en tout cas, c'est ce qu'on a dit au malade... »

Et le malade bien entendu va choisir, sauter à pieds joints dans le cercle des 20 p. 100. La percée merveilleuse est ouverte : ce n'est peut-être pas un cancer, ce n'est sans doute pas un cancer, ce n'est pas un cancer, ils se sont trompés. Et conservant au fond de lui-même cette idée du cancer apportée un soir avec les pleurs de son copain, il va pouvoir vivre avec la possibilité de s'en échapper. Il ne veut pas savoir ce qu'il sait.

Quelques jours plus tard, dans le bureau d'un des grands cancérologues français qui n'a pas l'habitude de mâcher ses mots, le copain s'entend dire :

« Dis donc, tes petits amis de la gauche ne sont pas très gentils avec toi. Que tu fasses une erreur de diagnostic, c'est évidemment grave et ennuyeux, mais qu'ils le racontent partout...

– Quelle erreur? Quel diagnostic? Quel malade?

– On n'a pas voulu me dire le nom. De toute manière, je ne te le dirais pas.

– Je ne vois pas.

– Un type qui a eu un petit ennui de vertèbre cet été

à la suite d'un accident de bateau et auquel tu t'es permis de diagnostiquer un cancer du rein. »

Ça fait « clic », et après un moment de silence :

« Je t'assure que s'il s'agit malheureusement du même malade, il présente les images radiologiques de métastases osseuses d'un cancer, peut-être du rein, peut-être d'ailleurs. Mais un cancer, grave. »

Et devant cette certitude et cette sincérité, le cancérologue change de ton.

« Eh bien, si tu ne t'es pas trompé, il faudra leur faire savoir, et je m'en chargerai... »

Ainsi, le cancer est discuté, repoussé, nié. Le malade écrit un peu plus tard à son copain : « On cherche toujours, on verra bien. » Et la brave amie établit la jonction :

« Le Professeur est parfait. Il lui a redonné le moral. Il lui a rendu l'espoir : il peut retravailler. Il ne se rend plus à son bureau chaque matin, mais sa secrétaire vient le voir chez lui. Et l'anesthésiste a été efficace : il a beaucoup moins mal.

— L'effet calmant retardé de l'irradiation?

— Peut-être, en tout cas il souffre moins... Ecoutez, il faut que vous soyez patient, que vous attendiez. Il ne souhaite pas vous voir en ce moment. « Je vois ma mort dans ses yeux », m'a-t-il dit. Vous êtes trop proche de lui. Vous ne pouvez pas le soigner. Vous êtes trop impliqué. Vous ne pouvez pas prendre le champ nécessaire. Le Professeur le peut. Et il a l'habitude, vous le connaissez. Il est merveilleux, il parle avec lui de son avenir. De ses possibilités, lorsqu'il ira mieux, d'être élu à l'Académie française.

— Mais alors justement, lui qui voulait tout savoir, que sait-il?

— Il sait qu'il présente des troubles de décalcification au niveau des os, troubles métaboliques dont il s'agit de trouver l'origine. »

Il ne peut pas ne pas garder de l'espoir. Un peu d'espoir pour vivre. Ce qui lui reste. En rêvant que cela va être plus long. En pensant donc que ce n'est peut-être pas ça. Que c'est autre chose, en tout cas pas la même chose. Il sait bien que c'est un peu ça, il ne veut pas le savoir. Il veut vivre. Compromission avec la vie, accommodement coupable fait par intérêt? Pourquoi pas – Mon intérêt suprême, moi. (« Ce ciel, ces arbres, cette vue, ces bruits de voitures en bas, ce sourire de ma fille, ces paroles de ma femme, ces discussions de mes amis, tout cela n'existe que par moi. Je ne peux imaginer leur continuité sans moi. Je m'accommode de ce que me dit le Professeur. Ce n'est pas de la lâcheté. Je ne lui ai rien demandé. Il ne me ment pas. Il me dit qu'il ne sait pas exactement... Je veux continuer à vivre, à n'importe quel prix, au prix de n'importe quelle compromission ») : les principes défendus par un homme bien-portant ne pèsent pas lourd en face des réalités d'un homme malade, et périssent les principes plutôt que l'espérance.

De son côté, le Professeur qui a redonné l'espoir pense sans doute : « Je lui dois... je me dois de lui garder l'espoir. Il sait, il ne veut pas savoir. Qu'est-ce que la vérité? Il a un cancer, c'est la réalité. Un cancer grave, c'est l'horrible réalité. La seule vérité, c'est ce jugement conforme : Vous avez un cancer. Conforme avec quoi? Avec le diagnostic que son corps porte, peut-être. Pas avec le diagnostic que sa tête veut, que son cœur souhaite. Où est sa vérité à lui? Dans la partie atteinte et qui va le tuer? Ou dans la partie qui se veut indemne du malheur et qui ne veut pas mourir? Dans le désespoir? Entre deux demains, celui qu'on connaît et l'autre, il vote de tout son cœur pour le demain inconnu, donc pour le diagnostic inconnu. Je le traite avec respect, par déférence, pour l'être humain affaibli et qui souffre, pour ses mérites. Je le respecte plus en lui cachant la vérité qu'en lui révélant le diagnostic. Je ne lui mens pas. J'accorde seulement mes paroles avec ses souhaits profonds... Ils me font rire, ceux qui pensent qu'il n'existe qu'une manière d'aborder un malade grave. Pas de voie directe, de route droite, mais toujours un sentier de la campagne avec embûches, tournants, pour se rendre à son chevet...

Aucun des chemins qu'on rencontre dans la vie n'est jamais sûr, il peut à tout moment nous égarer.

Un midi, à l'hôpital où il travaille, le médecin aperçoit le malade au bras de la fille de leur amie, étudiante en médecine, revenant d'un examen à l'iode radioactif, à la recherche bien improbable d'un cancer de la thyroïde, d'une maladie moins maligne. Afin de ne pas gêner son copain, qui ne l'a pas prévenu, le médecin se cache derrière un journal : ainsi son ami intime sera venu effectuer un examen à quelques mètres de chez lui sans lui faire signe. Si c'est un moyen de sauvegarde, après tout... C'est lui qui est malade, c'est lui qui doit décider, c'est lui qui va mourir.

La thyroïde est normale. Les heures, les jours passent. Toujours la voix de l'amie :

« On a fait hier, dans le service où exerce l'anesthésiste, une biopsie osseuse : c'est un cancer d'origine digestive.

– C'est donc bien un cancer, et un cancer secondaire.

– Oui. En tout cas, ce n'est pas un cancer du rein.

– Qu'est-ce que ça change au pronostic, qu'il soit du rein ou digestif? Il est mauvais de toute manière.

– Bien sûr, répond-elle. On a même refait une nouvelle scintigraphie osseuse. Elle est encore plus mauvaise. Presque tous les os sont atteints.

– Que lui a-t-on dit?

– Evidemment, il n'est pas question de lui dire que ça s'était aggravé, de lui dire la vérité. On lui a raconté qu'il y avait dans son organisme d'importants désordres immunologiques, et que ces désordres étaient responsables de l'état actuel. Mais le mot lui-même, non.

– Et il accepte?

– Ne lui en veuillez pas. Essayez de comprendre. »

Et elle raconte : L'autre jour, lors de la réunion du Groupe de Prospective politique et industrielle, il a été remplacé au poste administratif qu'il occupait. Je l'ai retrouvé en larmes dans son lit. Je suis aussitôt allée trouver le directeur :

« Ce n'est pas bien ce que vous avez fait, de le remplacer.

– Cette décision a été prise après un vote démocratique, et il est absent depuis plusieurs mois.

– Il est malade.

– Oui, mais je n'y peux rien.

– Il est très malade.

– Vraiment?

– Oui, très malade.

– Vous voulez dire : malade d'une maladie dont on ne guérit pas?

– Oui.

– Il est condamné?

– En quelque sorte.

– Dans ce cas, ça change tout. »

Le directeur se lève, va chercher son chapeau, son pardessus et dit à sa secrétaire : « Je reviens dans une heure. »

« Allons le voir tout de suite. Il est réintégré sur-le-champ. »

Ainsi, ce que, jeune, bien-portant et même malade, il n'aurait jamais accepté, va se produire : son existence va être jouée à la pitié d'autrui. Il reçoit le directeur dans sa chambre, qui lui parle d'un malentendu, d'un nouveau vote, et il est rasséréné, souriant, alors qu'il est en réalité dupé. Il croit qu'on le réintègre pour son talent, ses connaissances et ses qualités, alors qu'on le reprend parce que ses os sont troués, son corps affaibli et ses jours comptés.

C'est ce qu'on a le droit d'appeler la charité. On lui a rendu l'espoir au prix d'un certain respect. Eût-il mieux valu le respecter en lui faisant mal au besoin? Au vrai besoin de sa dignité? Qu'est-ce que ça veut dire, faire du bien? Raconter aux gens pendant des siècles qu'après les malheurs terrestres ils rencontreront l'au-delà, bercer leurs misères avec les rêveries d'un autre monde, apporter la consolation...

Abrité du risque de devoir mourir bientôt, il n'entendra plus jamais prononcer le mot cancer; le nom de l'intrus est banni depuis novembre. Il se trouve réintégré dans son entourage, sa femme, sa fille, ses amis, et séparé de son destin par le noble et pieux mensonge.

Les semaines se suivent. Ce qui se passe devient à la fois simple et terrible. Cloîtré dans sa chambre où il espère jour après jour, mois après mois, qu'il pourra un jour remarcher, il souffre de plus en plus, refusant les secours d'une nouvelle irradiation à titre antalgique (il aurait l'air de « capituler »), refusant tout autre calmant que le palfium, qui avait bercé ses premières accalmies, refusant la morphine dont, par un maniement bizarre du langage, l'anesthésiste prononce ouvertement le nom alors qu'il tait le diagnostic et la maladie. Il se voit mis progressivement à de très fortes doses de cortisone, après un essai vite interrompu de chimiothérapie. On apprend aussi qu'il raconte à ceux qui viennent le voir : « Maladie d'origine immunologique... troubles de fixation osseuse du calcium... dysfonctionnement du métabolisme... », toutes ces salades verbales, ce salmigondis faussement scientifique dont il s'est montré si souvent l'ennemi, qu'il a l'air d'entendre et dont il se sert aujourd'hui. Et il continue chaque semaine courageusement d'écrire la chronique qu'il doit à son hebdomadaire. Il répond à toutes les lettres qu'il reçoit. « Ne me retirez pas mon papier et mon stylo, c'est comme si vous retiriez son pinceau à Picasso. »

En mai, soudain, sa femme téléphone.

« Je vous appelle d'un café. Car il est sans cesse à côté du téléphone et il ne faudrait pas qu'il sache. Je voudrais bien que vous le voyiez.

– Est-ce qu'il sait ?

– Non.

– Pourquoi ?

– Ce n'est pas possible.

– Après ce qu'il a dit, ce qu'il a écrit ?

– Ça, vous savez... On écrit. Mais ce qu'on vit, c'est différent. Ce livre, je voudrais le brûler.

– Et les lettres qu'il a écrites ? Les innombrables lettres ?

– Ça n'a aucune importance. Ce n'est pas grave. C'est lui qui compte. Il se doute certainement. Mais il ne sait pas. Qu'est-ce que vous voulez ? Il faudrait changer le mot. »

C'est une intellectuelle. D'idées « avancées ». Professeur. Ayant toujours cherché la vérité et la disant. Ayant partagé la vie d'un homme connu pour son souci de l'exactitude, qui reprochait à ses collaborateurs et à ses confrères un mauvais usage du vocabulaire, qui jugeait les hommes politiques sur leur rapport au langage, c'est elle qui pense maintenant qu'il faudrait changer le mot.

Tout le malheur du monde. Appeler un chat un chat. Mais seulement un chat. Appeler les aveugles des non-voyants. Les sourds, des mal-entendants. Les personnes âgées, des gens du troisième âge. Les chômeurs, des demandeurs d'emploi. L'élimination de l'accession au savoir et aux études supérieures de certains étudiants, la sélection de bons éléments. Les hôpitaux pour maladies mentales, des centres spécialisés. Une guerre coloniale, une opération de police. Une opération répressive préméditée, une bavure policière. Une séance de torture, une simple correction. Un tortionnaire, un agent de renseignements. Des propos racistes, un appel au patriotisme. Les conséquences désastreuses de mauvaises mesures économiques, des modifications de la conjoncture. L'entrée des troupes soviétiques en Tchécoslovaquie, un accident de parcours. L'assassinat des Vietnamiens dans les derniers jours de la guerre sous des bombes au napalm, un avertissement motivé. Le génocide du peuple cambodgien, la création d'une nouvelle société. Les opposants politiques, des malades mentaux. Une personne en train de mourir, un malade en phase terminale... Alors, pourquoi pas simple désordre immunologique au lieu de cancer? D'autant que en cherchant bien, il y a un peu de vrai. Il y a toujours un peu de vrai dans tous les mensonges. C'est ce qui caractérise la calomnie. Même s'il s'agit du contraire absolu de la vérité : celle-ci apparaît alors comme en « négatif », en « moule » de la vérité cachée mais supposée.

La conversation téléphonique avec la femme du malade se poursuit :

« Quand pourra-t-on lui dire?

– Jamais. D'ailleurs, le Professeur est formel : les intellectuels sont souvent les derniers auxquels on puisse révéler leur diagnostic. Pour les gens plus simples, ouvriers, agriculteurs, employés, c'est différent, on peut plus facilement le dire. Les hommes comme lui sont trop imaginatifs. »

A quoi ça sert l'intelligence? A quoi ça sert la culture?...

Sa femme et son premier médecin finissent par se rencontrer dans un café. A la dérobée. Le cancer aura aussi réussi cela : faire de rencontres qui auraient dû être amicales, des rendez-vous clandestins, inconnus du malade qui ne sait pas qu'on n'arrête pas de parler de lui. A son hebdo. Dans les salles de rédaction. Dans les maisons d'éditions. Parmi ses amis. Tout le monde le sait sauf lui. Tout le monde sait qu'il va mourir. Sauf lui. Et ceux qui viennent le voir sont obligés d'emprunter la route déjà tracée, sous peine de trahison.

Un dimanche après-midi, son copain invité par sa femme va le voir. On parle peu de la maladie. Seulement que ça a l'air maintenant stationnaire. Qu'on doit venir tout à l'heure lui faire une injection. Pas question de demander à son copain de la faire. L'autre médecin, l'amie fidèle, est là et gentiment prépare le thé. On bavarde. Puis son copain le quitte, l'embrasse sur le front. Comme un ami. Comme un frère.

Un mercredi soir, son copain appelle chez lui... Sa femme répond :

« Comment va-t-il?

– Mal. Il n'écrit plus, il ne lit plus depuis deux jours. Il prend même un peu moins de cachets (il prenait jusqu'à vingt palfium ces derniers jours). C'est tout.

– Est-ce qu'il se rend compte?

– Non.

– On ne peut pas le laisser comme ça. Je vais venir le voir.

– Vous n'y pensez pas. Laissez-le tranquille.

– Mais ce qu'il a écrit?

– Vous êtes bien-portant. Lui est malade.

– Précisément : ce qu'il a proclamé au nom des malades?

– Il n'est pas en état.

– Je souhaiterais tout de même m'entretenir avec lui.

– Laissez-le. Laissez-moi. Je le fais manger. Je lui prépare sa soupe. C'est plus important.

– Vous croyez vraiment?

– Tout à fait. Je le connais mieux que vous. Je suis sa femme. Laissez-le tranquille. »

... L'épouse, dans son rôle admirable, nourrice miséricordieuse. Le lendemain c'est l'amie qui appelle au milieu de l'après-midi, en pleine consultation... mais c'est trop important.

« Sa femme était en pleurs hier soir après votre appel téléphonique.

– Elle ne comprend rien.

– Ecoutez, il vaut mieux désormais le laisser en paix. Il somnole. Il vit ses derniers jours. Il faut le laisser seul.

– Comme depuis plusieurs mois.

– Vous savez bien ce que je veux dire. Il a été entouré par de nombreuses personnes qui ne lui parlaient pas. Ou plutôt qui lui parlaient de tout : industrie, politique, société, affaires.

– Sauf de ce qui le concernait plus que tout : sa vie.

– On ne pouvait pas faire autrement. D'ailleurs, même vous, le dimanche où vous êtes venu...

– En invité. A peine en ami.

– Vous savez bien que vous ne pouviez pas le soigner. On ne se fait pas soigner par son frère. Surtout, je ne voudrais pas que vous croyiez – et elle va utiliser ces termes pour la deuxième fois – que vous croyiez que nous l'avons mené en bateau. »

Si seulement il avait été mené en bateau! Sur une mer calme. A l'abri des récifs de la douleur où il se cognait plusieurs fois par jour. A l'horizon limité par le destin des hommes et non bouché par le mensonge et l'hypocrisie. Sous un ciel bas qui est celui de la plupart des êtres humains et pas sous l'écran lourd de menaces d'un destin voilé...

Dans la nuit de samedi à dimanche, trois jours plus tard, au mois de juin, un peu plus de six mois après les premiers signes de la maladie, son corps achèvera une existence difficile.

Il aurait tout préparé, tout écrit, tout mis en ordre. Son testament. Ses dernières volontés. Avait-il dit qu'il voulait être enterré par l'Eglise? Avait-il demandé qu'on annonce officiellement sa disparition, dans la notice nécrologique de première page due à sa personnalité, comme liée à une « longue et douloureuse maladie »? Il n'a pas écrit ses véritables dernières volontés. S'il avait vraiment su, il aurait écrit un dernier papier...

Le médecin, son copain, n'a pas répondu à l'appel de sa femme lui demandant de venir voir son ami mort alors qu'elle lui avait interdit d'aller lui parler vivant quelques jours plus tôt. N'ayant jamais eu le respect d'un corps dont toute vie a définitivement disparu, simple enveloppe des jours perdus, il s'est contenté de penser aux blagues, aux inflexions de voix, aux sursauts d'indignation, à l'ironie désinvolte de son ami, et de rêver aussi à ce qu'il penserait s'il avait pu assister « après » : ainsi voilà ce que la maladie a fait de moi, tant pis pour les collègues, tant pis pour les lecteurs. Même pas un chien devant un évêque... Quant à sa femme, elle a une explication plus simple : « Mon mari n'était pas John Wayne, et son copain a été vexé qu'on fasse appel à d'autres médecins... »

Son copain ne s'est pas rendu non plus à l'enterrement, pour assister à un embaumement intellectuel. Avant de perdre un ami, il a perdu l'homme qui défendait la même attitude et les mêmes idées.

A QUOI ÇA SERT D'ÉCRIRE?

A QUOI ça sert d'écrire? Un homme passe sa vie à dire certaines choses auxquelles il croit, à les écrire, à les proclamer même, pour les lecteurs, pour les autres. Lorsqu'il se trouve confronté à la réalité, tout change. Ce n'est pas cela qu'il voulait dire, en tout cas pas exactement.

« Il ne faut pas m'en vouloir. On ne peut jamais savoir avant. Tant qu'on n'est pas en situation. Tant qu'on n'a pas fait face soi-même à certaines circonstances.

— Mais ce que vous aviez écrit, c'était sincère?

— Bien sûr. Je croyais mais je ne connaissais pas.

— Vous imaginiez?

— J'imaginais mais je ne vivais pas. Ça n'a rien à voir. Ce qu'on imagine de sa vie et de celle des autres n'est peut-être après tout qu'une illusion. J'ai écrit sur tous les tons, ironique, féroce, doux, violent, qu'il fallait dire la vérité. Et maintenant je la fuis.

— Et vos lecteurs l'ont cru?

— C'est dommage.

— Dommage?

— Qu'ils l'aient cru. Qu'ils m'aient pris au sérieux.

— Ce n'est pas sérieux d'écrire?

— C'est sérieux. Comme toutes les activités humaines. Mais comme toutes les activités humaines, c'est un jeu. J'étais totalement sincère à chaque fois, mais c'étaient des sincérités successives...

– Mais si on l'admet, si on le comprend, si on trouve une explication à ce qui paraît un reniement, si on l'excuse même, cela doit jouer dans les deux sens. Si l'on accepte comme un jeu de la vie cette sorte de divertissement de l'esprit qui consiste à écrire pour d'autres en y croyant profondément soi-même au moment où on l'écrit, à donner des conseils, à prendre des attitudes, à indiquer des choix d'existence, toutes formules qu'on ne sera pas obligé soi-même de suivre, de respecter, d'adopter le moment venu (c'est-à-dire à mon moment à moi), parce que aucun être humain n'est prévisible, et que ce Dieu que je récuse aujourd'hui, je m'y convertirai à la dernière minute, et que cette vérité que je chéris aujourd'hui comme le plus précieux des biens, même s'il s'agit d'une vérité malheureuse, je la fuirai demain précisément pour éloigner le malheur, et que personne ne pourra en vouloir à celui qui décide de poursuivre sa course terrestre en niant les intempéries et en repoussant plus loin l'horizon de sa vie – quant aux lecteurs...

– ... Les lecteurs, ceux qui l'ont cru, à leur tour plus tard de faire leur propre expérience. Je ne leur ai pas donné une leçon de conduite. S'ils l'ont prise comme telle, tant pis. Je leur ai seulement donné à réfléchir...

– ... Si cela joue dans le sens de la « bonne » pensée qui se voit trahie par la réalité de l'existence, cela doit jouer aussi dans l'autre sens, celui de la « mauvaise » pensée qui se voit dépassée par le malheur des temps : emporté par l'écriture, l'écrivain écrit peut-être n'importe quoi. Ceux qui ont prêché le racisme, l'antisémitisme ne voulaient peut-être pas l'assassinat. Lorsqu'ils écrivaient « mort aux Juifs », « à bas les Arabes », c'était une formule littéraire. Ils ne voulaient pas ce qui est arrivé, ils n'y croyaient pas, ils ne le voyaient pas. Leurs appels au crime n'étaient que des injures non armées. Ils ne pensaient pas qu'on passerait à l'acte, en tout cas pas eux, qui jamais ne tacheraient leurs mains de sang. Que d'autres se soient servis de leurs écrits, possible... La responsabilité de l'écrivain... s'il n'en a pas lorsqu'il finit par se renier lui-même, il ne devrait pas en avoir davantage si les conséquences ont été nuisibles pour d'autres : dans les deux hypothèses, ils « regrettent » les déclarations qui n'ont jamais voulu être des mots d'ordre, ils regrettent qu'elles aient été prises au sérieux... A moins qu'au nom de la vérité suprême de l'art et de la conduite humaine, il soit considéré justement comme plus grave de déposer des balles meurtrières sur le papier que dans le corps d'un ennemi. Et que tout acte effectué par un être humain engage en totalité sa personne, l'écriture comme le reste.

— A quoi ça sert d'écrire? A dire ce qu'on pense. A un moment donné. Qui paraît privilégié puisqu'on le met sur le papier. Qui peut être détrôné le moment d'après. Toutes les pensées d'un être humain changent au cours des années. Ses sentiments. Ses motivations. Ses amours. Mais s'il les a fixés sur le papier, comme une photographie fixe un visage au moment donné d'une existence, il a l'air ensuite de se renier alors qu'en réalité il « change ».

— Il n'y a que les imbéciles qui ne changent pas, proclament tous les renégats, qui se décernent en outre un brevet d'intelligence : c'est la « défense de l'écrivain ». Mais le lecteur dans tout ça?

— Il doit s'y retrouver tout seul. Ce n'est pas vraiment pour lui qu'on écrit. C'est pour se libérer. On se raconte une histoire. On veut faire partager ses idées. Les idées du jour. Les idées fraîches. Le lecteur? Tant pis. Qu'il se débrouille. Je lui fais confiance. »

Un roman, un livre, c'est comme un tableau. C'est pour soi. Pour vaincre une difficulté. Pour éclairer en la colorant une page ou une toile blanche. Pour désordonner au nom d'un ordre supérieur les cinq lignes parallèles d'une portée musicale. Pour donner aux choses qui nous entourent leur ordre véritable, celui qui coïncide avec nous, avec notre ordre personnel. Qui va changer le monde. Lequel ne sera plus jamais comme avant. Parce que cette personne qui m'aura lu, vu, entendu, sera changée, même si elle n'en prend pas conscience.

Cela sert aussi à ça, écrire : à changer les autres. Si peu que ce soit. Eux sont changés, mais il arrive que je n'en aie cure. De ce que j'ai écrit, de ce qu'ils ont lu. Tant pis pour eux, ils n'avaient pas à me prendre au sérieux. Me suis-je tellement pris au sérieux, moi? La preuve, c'est que depuis j'ai changé. Je me suis trompé. Je n'ai pas insisté. Et j'en tire gloire. Plus que si je ne m'étais pas trompé. Car, en changeant, j'ai compris. Mieux que ceux qui n'ont pas fait ce bout de chemin égaré. Il y a du mérite à cela. Et plus je me suis trompé, plus je reviens de loin, plus j'ai le droit de parler. Il y a du vrai, croyez-moi, dans cette attitude ostentatoire. Je sais moi d'où je reviens, vous non. Vous n'avez pas approché l'enfer nazi, le cauchemar stalinien, moi si. J'ai participé aux purges. Je sais ce que c'est que l'enfer. J'en étais. Et par comparaison, deviennent presque misérables ceux qui n'en étaient pas et qui depuis longtemps avaient tiré la sonnette d'alarme. Toute une partie de la littérature politique contemporaine marche avec la tradition chrétienne : il y a plus de place pour la brebis égarée et pour le pécheur repenti que pour celui qui était demeuré sur la bonne route. On est plus pur après la confession, plus juste après l'autocritique. Confession, autocritique : telle l'eau du Gange purificateur, ces paroles d'excuses vous permettent de revenir à la maison, de retourner à table comme si vous étiez quelqu'un d'autre, et vous vous sentez vous-même amélioré et plus riche de cette expérience vécue.

Tous innocents ou tous coupables? S'ils pouvaient parler, certains diraient : je ne savais pas, je parlais sans savoir. Je mettais des mots les uns à côté des autres, j'alignais des phrases, je construisais des chapitres. Emporté que j'étais pas l'élan de l'écriture ou de la parole, qui me faisait décoller de la réalité : les Juifs, les Républicains, les Arabes, les Résistants, les Opposants. Mais je n'ai rien à faire avec la réalité. Mes juifs, mes résistants, mes communistes : personnages d'écriture, ce n'était pas ceux que je peux rencontrer. En tout cas, jamais ceux qu'on a tués, ou torturés, ou gazés. Ce ne sont pas les mêmes. Nous ne parlons pas de la même chose, Monsieur le Président. Mes morts, mes suppliciés sont des morts de théâtre, des morts de littérature. Rien à voir avec les vôtres. Regardez les défilés populaires, c'est la même chose. Ils crient « Un tel assassin – Un tel assassin », vous leur amèneriez Un tel en question, ils continueraient à l'insulter mais ne toucheraient pas un seul de ses cheveux.

Mais, si l'écriture c'est ça, pourquoi écrivez-vous? Si c'est cette espèce de jeu délicieux d'assemblage de mots et d'éruptions verbales, cette sorte de laisser-aller des profondeurs où vous donnez une couleur à vos instincts et une odeur à vos passions, à quoi ça sert? Pour quoi? Pour vous amuser? Pour vous libérer? Mais vous libérer de quoi? Je ne suis pas, vous n'êtes pas responsable de vos actes, de ce que vous écrivez, de ce que vous dites, vous n'êtes pas responsable devant autrui. Ni devant vous-même. Bulles irisées d'une réalité momentanée et déjà disparue, l'encre une fois séchée, sorte de permanente bouteille jetée à la mer, sitôt oubliée par le lanceur même si ramassée par des pêcheurs de hasard, la littérature ne serait le plus souvent qu'une suite d'écrits faits de paroles rêvées qui entrent par une page pour sortir par l'autre, sorte d'amusement suprême qui n'engagerait l'écrivain que sur sa mort.

Peut-être existe-t-il deux espèces d'écrivains? Ceux qui écrivent pour s'amuser, pour épater la galerie, pour plaire aux jolies femmes et être invités dans des dîners mondains, pour construire le voilier de leurs rêves et réparer leur toiture. Les plus nombreux. Ceux qui en vivent. Et les quelques autres qui écrivent en tremblant et risquent d'en mourir : Villon, Molière, Nerval, Baudelaire, Rimbaud, Nietzsche, Byron, Rilke, Pouchkine, Lowry, Desnos, Bernanos.

Pourtant non!

Un livre n'est pas un signe comme un autre. C'est une trace qu'on laisse. Indélébile. De ce qu'on a pensé. Sérieusement. Parce qu'on l'a écrit. Relu. Ce moment de ma pensée, de mes pensées, s'est arrêté dans ces feuilles noircies, moment d'éternité, lieu de jonction de l'espace et du temps, trace ineffaçable. Empreinte du rêve ou de la réalité, de toute manière inscrite pour toujours.

MONSIEUR AHMED

IL arrive à la consultation un matin à neuf heures. Assez grand, le visage légèrement basané, une moustache noire bien coupée. Il vient de subir une irradiation qu'il a acceptée facilement, sans qu'on lui ait encore expliqué exactement la vérité de son affection et la justification de ce traitement.

« Comment ça va?
– Pas mal.
– Il faut continuer à vous soigner.
– Ce n'est pas encore fini?
– Non.
– J'ai compris. C'est une maladie méchante. Très méchante, puisque j'ai dû arrêter de travailler depuis six mois... Alors, il faut continuer?
– Oui.
– D'accord. Qu'est-ce que c'est comme traitement?
– Des médicaments.
– Des cachets?
– Quelques cachets. Mais surtout des injections intraveineuses et intramusculaires.
– C'est fatigant?
– Un peu.
– Tous les jours?
– Non. Six jours par mois.
– Ça a d'autres ennuis?

– Oui, les médicaments vont vous faire tomber les cheveux.

– Ça va. J'en ai beaucoup.

– Peut-être. Mais ça va vous faire tomber tous vos cheveux.

– Tous? Je serai chauve? »
Silence.

« Alors, docteur, c'est un cancer ce que j'ai? »
Silence.

« Hein, c'est un cancer? J'ai vu un voisin, il a perdu ses cheveux. Ça je sais. C'est le cancer... Vous ne répondez pas. C'est ça.

– L'important, c'est de guérir.

– Tu parles. Si j'ai un cancer, je sais bien que je ne guérirai plus. J'ai eu un voisin. Il a été comme ça. Fatigué. Maigre. Presque sans cheveux. Maigre. Chauve. Encore plus maigre. Et il est mort. Va falloir que je prévienne ma femme. On a deux enfants. Eh bien, heureusement que je suis venu ce matin. Mais je n'ai pas envie de me soigner.

– C'est bête.

– Peut-être. Mais d'avoir un cancer c'est encore plus bête.

– Non. C'est injuste.

– C'est la même chose.

– Vous ne voulez pas accepter de vous soigner?

– ... Peut-être. Après tout, tant pis pour les cheveux.

– Vous savez, on fait des perruques très correctes.

– Non. Je porterai une casquette. Mais ma moustache?

– Vous la perdrez aussi.

– Si c'est pour mourir, je préfère mourir avec ma moustache.

– Et si c'est pour vivre?

– Allez, docteur, ce n'est pas la peine. Je sais bien que vous finirez par m'avoir. Je vous ai fait confiance jusque-là. Quand est-ce qu'il faut que je revienne? Il faut d'abord que j'aille voir ma femme. »

Rendez-vous est pris.

« Qu'est-ce que vous faisiez, comme métier, avant d'être malade?

– Tourneur chez Renault. »

Ouvrier. Immigré. Inculte, ou presque. Et plus intelligent que beaucoup de ceux qui font profession d'éclairer leurs semblables. En prise directe sur les choses de ce monde.

PIEUX MENSONGE?

Vérité aux malades, problème loin d'être résolu. On peut même dire qu'il demeure intact. Un hebdomadaire a paru il y a quelques années, avec en couverture : « Cancer : faut-il dire la vérité? » Point n'était besoin de lire l'article pour connaître la réponse apportée, l'image suffisait : le visage d'un médecin dont on n'apercevait que les yeux, une bavette sur la bouche.

La seule vérité, disent certains, c'est la vérité du malade. Celle qu'il veut entendre. Celle qu'il souhaite. Et rien d'autre. A chacun sa vérité. La vérité d'un malade n'est pas la vérité d'un médecin. Le médecin doit se laisser guider.

Sans vouloir reprendre en détail les raisons qui plaident en faveur de la révélation ou de l'occultation du diagnostic au malade, il faut essayer d'approfondir et avant cela résumer.

Ne pas dire la vérité est un devoir de charité du médecin et des proches, qui se doivent de ne pas accabler outre mesure un malade déjà affaibli et parfois rendu infirme par son affection.

Mais, lorsqu'un cardiaque, après un accident brutal survenu à domicile ou sur la voie publique, est transporté d'urgence par une ambulance spécialisée dans un service de réanimation, combien de temps prend-on pour lui annoncer, une fois l'accident surmonté, qu'il a failli mourir d'un infarctus et qu'il devra vivre désormais en ayant pour son cœur des égards particuliers, modifier ses habitudes de vie, peut-être cesser de travailler ou de fumer? Combien de temps? Pas une minute. Parce que c'est nécessaire. Pour qu'il se soigne. Pour qu'il comprenne. Il va désormais vivre à l'écoute de son moteur et de ses ratés éventuels : pas de charité pour les malades cardiaques...

Mais, lorsque la mère d'un malade leucémique amène son enfant qui souffre et qui saigne à l'hôpital, combien de temps prend-on, une fois effectués les examens du sang et de la moelle osseuse qui prouvent le diagnostic, combien de temps, dans tous les services hospitaliers du monde, si « humains » soient-ils, pour annoncer à cette femme la mort possible de son enfant, un peu de sa mort à elle? Pas une heure. Parce que c'est nécessaire. Afin qu'elle comprenne le traitement qu'il va subir, pour essayer de le sauver. Elle va désormais vivre à l'écoute continuelle de la respiration de son enfant. Pas de charité, pas de pieux mensonge pour les mères d'enfants leucémiques...

Mais, lorsque des parents décident d'adopter un enfant, tous les éducateurs, les psychologues, les médecins, les sociologues estiment avec raison que c'est aux parents d'annoncer le plus tôt possible à leur enfant la vérité sur sa naissance. Dès qu'il sera en âge de l'entendre. Pour qu'il ne risque pas de l'apprendre par le hasard ou la méchanceté des rencontres sociales. Pour qu'il sache, sans perdre de temps.

Pourtant, quoi de plus terrible que de révéler à un petit garçon ou à une petite fille que son père n'est pas son père et que sa mère n'est pas sa mère? Pas de charité, pas de pieux mensonge pour les enfants adoptés...

Alors, la charité pour les malades cancéreux? Il y a peut-être une autre explication. Si le mensonge n'était pas fait par pitié mais par gêne? Ce n'est pas seulement parce qu'on n'est pas certain de le guérir, qu'on ment d'habitude au malade cancéreux. C'est parce qu'on ne sait même pas lui expliquer ce qu'est exactement sa maladie. Quand a-t-on commencé à dire la vérité aux malades tuberculeux? Au moment où on a commencé de faire de cette affection une maladie guérissable : après 1945, avec la découverte des antibiotiques antituberculeux? Non, avant : lorsqu'a été mise en évidence la cause de la maladie, avec la découverte par le bactériologiste allemand Koch du bacille responsable. Les personnes qui partaient en sanatorium pour des années avant d'y mourir connaissaient le nom de leur maladie. Pour les cancéreux aujourd'hui, le non-savoir est remplacé par le mensonge : c'est la forme la plus triste de l'ignorance.

Il arrive cependant que certains malades cancéreux échappent à cette loi du silence. Non qu'ils ne soient gravement atteints, mais la charité n'a pas cours envers eux. Ce sont les malades porteurs du syndrome d'immuno-dépression acquise (SIDA) auxquels on annonce, avec plus ou moins de ménagements, qu'ils sont porteurs d'une affection dont ils apprendront vite qu'elle est aujourd'hui presque toujours mortelle. Ils sont pour la plupart homosexuels. Peut-on supposer que les médecins, si miséricordieux vis-à-vis d'autres malades, envisagent de les punir par cette révélation comme s'ils étaient fautifs? Des médecins moralistes? Des médecins donneurs de leçons? Et si l'annonce de la mort par cancer a commencé à faire son entrée dans la presse, on refuse encore d'annoncer celle par SIDA, même lorsqu'il s'agit de personnes dont l'existence a été consacrée à rendre compte de l'hypocrisie sociale. Maladie « déshonorante »?

Un fumeur a guéri d'un cancer très localisé, découvert grâce à une arête de poisson qui s'était fichée dans sa gorge, juste à côté de sa tumeur. Merci à la maîtresse de maison d'avoir laissé au moins une arête. Il s'est servi de cette expérience personnelle pour s'adresser aux malheureux cancéreux victimes de la fumée inhalée depuis vingt ans en leur parlant d'une « punition » du destin. Ils ne sont pas punis, les pauvres. Ils ont simplement perdu un pari. Ils ont joué avec le feu et ils ont cru que le feu ne les brûlerait pas. Et le feu de la cigarette a brûlé leurs poumons. Il ne faut pas jouer avec le feu.

MÉDECIN DE QUARTIER

Jacques, médecin praticien, cinquante ans, dynamique, entreprenant, aimé de ses malades. Il fume depuis plus de trente ans plus de cinquante cigarettes par jour. « Soixante-dix paquets/année », selon la terminologie médicale.

Il s'y attend depuis longtemps, mais toujours pour plus tard, pour quand il sera vieux. Et il est encore en pleine forme. Encore jeune. Pas pour tout de suite. Pourtant, si. La toux d'abord. Un ganglion dans le cou. La marque dans le coin d'un poumon.

« Je te préviens tout de suite. Si c'est ça, j'arrête tout. (Des examens complémentaires sont effectués.)

— C'est ça. Qu'est-ce que tu fais?

— Je liquide mon cabinet. Je vends tout. J'arrête de travailler. Je profite de la vie qui me reste. Sorties. Cinémas. Théâtres. Balades dans Paris. Expositions de peinture...

« Tout ce que je n'ai pas pu faire et dont je rêve depuis des années. Et peut-être, un peu de mer. »

Plus tard :

« Tu te soignes?

— Pas pour le moment. Je vis. »

Passent encore trois semaines :

« Comment ça va?

— Très bien. Je suis heureux. J'ai fait plein de

choses. J'ai liquidé mes affaires. Ça m'a fait un choc tout de même. Tant d'années terminées tout d'un coup. La salle d'attente vide. Un téléphone qui ne sonne plus. Des soirées sans imprévu. Des journées où, pendant que les autres travaillent, je me balade!

– Maintenant, qu'est-ce que tu vas faire?

– Je ne sais pas.

– Tu essaies de te soigner?

– Je ne sais pas.

– Suppose que tu vives encore quelques mois de cette manière, ne regretteras-tu pas de ne pas avoir tenté de prolonger un peu cette vie actuelle qui n'est pas si mauvaise, ces journées dont tu profites quand même?

– Peut-être. Je vais réfléchir. »

Réflexion faite, il accepte d'abord, il décide ensuite de se faire traiter. Le premier traitement est bien toléré. Ses cheveux tombent. Ça lui est égal. Plusieurs mois s'écoulent. Pas trop mal.

Il revient toujours avec le sourire, apparemment aussi dynamique qu'avant le début de la maladie.

Un jour, le médecin questionne :

« Comment te sens-tu?

– Ça dépend des jours.

– En général?

– Mal.

– Tu es angoissé?

– Ça arrive.

– Quand tu te réveilles le matin?

– C'est terrible. Oui, terrible.

– Au fond, tu regrettes de le savoir.

– Oui, on ne devrait jamais le savoir. On ne devrait jamais le dire. C'est insoutenable. C'est impossible... Et pourtant, je ne pouvais pas ne pas le savoir. Ce n'est pas la vérité qui est terrible, c'est cette maladie qui est horrible. »

Et l'image d'un autre malade revient : directeur de théâtre, il rêve de voir le spectacle de l'an prochain, avant d'achever une vie rendue difficile par un cancer de la prostate. Il avoue un jour : « Il y a des moments, lorsque ça va mieux, le matin au réveil, je me prends à penser que, peut-être, je pourrai guérir définitivement. Mais je me reprends vite, je me fustige, je sais bien que ce n'est pas vrai. »

Instant de l'éveil matinal, seconde où l'on redécouvre la vie avec la reprise en conscience de son propre corps, moment où on se récupère, où on se retrouve soi-même, où on rencontre le même, celui de la veille, prêt à reprendre le fil de la vie commencée il y a si longtemps qu'on en a oublié le premier jour.

C'est peut-être pour donner aux humains ce sens de l'éternité que la nature a supprimé tout souvenir des premières années de leur enfance, ainsi reléguées dans un lointain inaccessible.

Moment matinal privilégié et douloureux où l'on risque de se retrouver tout autre, tel le malheureux Grégoire Samsa, métamorphosé en vermine, tel le malheureux médecin qui se retrouve chaque matin condamné à mort. Peut-on infliger pareil supplice à quelqu'un? N'a-t-on pas le droit, au prix d'un mensonge, de le lui épargner? Miracle parfois désespéré des retrouvailles matinales après un sommeil profond, mort provisoire, où le corps se retrouve prêt à revivre une nouvelle journée, où l'individu retourne à sa solitude originelle, se reprenant et se reconnaissant soi-même avant de reprendre et de reconnaître les autres et le reste du monde. Qui suis-je? Un mortel qui va bientôt mourir.

DIRE OU NE PAS DIRE?

« Il ne faut pas le dire. Ce n'est pas supportable... »
Mea culpa. Il avait fait son diagnostic lui-même. Mais
je n'aurais pas dû. On ne doit pas. Il faut continuer à
mentir. Dire la vérité sur sa mort possible à quelqu'un,
c'est exiger de lui du courage à bas prix. Ça ne vous
coûte rien, à vous médecin, ça ne coûte qu'au malade.
Et ça lui coûte trop cher. Il vous avait dit qu'il
souhaitait savoir si cela arrivait. Il l'avait dit... Mais la
vie s'est chargée de modifier ses vœux. Maintenant, il
ne souhaite plus. Il est trop malheureux. Peut-on
imposer un surcroît de malheur à quelqu'un? Et si le
malheur est inévitable, ne peut-on essayer de l'atté-
nuer? N'est-on sur terre, médecin, que pour soigner et
traiter le corps? On peut aussi éloigner le spectre de la
mort avec des mots.

J'ai cru qu'il pouvait assumer. Je me suis trompé.
Dire la vérité n'est peut-être qu'un pari stupide, un
pari fait pour des hommes qui ne sont pas les hommes
d'aujourd'hui, un pari fait pour des hommes d'une
autre société, d'un autre temps, d'un autre siècle.

Puisque même les hommes les plus jetés dans le
siècle, ceux qui écrivent pour leurs contemporains,

décident de fuir en améliorant l'image de leur destin, à quoi bon plaider l'impossible, à quoi bon tenter le diable puisque dieu n'existe pas? Celui qui, bien-portant, jure qu'il veut savoir, qui fait le serment de ne jamais abjurer sa conviction, tel Jean Barois celle d'un matérialisme athée, tel Edouard Herriot, vieux radical qui au dernier moment se convertit au catholicisme, n'est pas le même. Celui qui savait qu'il devait mourir n'est pas le même que celui qui sait maintenant qu'il va mourir. Celui d'aujourd'hui ne reconnaît plus celui d'hier : « C'était un autre, un qui parlait sans savoir. Ce n'était pas moi, moi je ne veux pas mourir. »

A l'opposé, qu'est-ce qu'un médecin s'il n'est pas une relation à l'autre? Et si cet autre se trouve réduit à une chose souffrante et affaiblie qui, ménagée avec bonté et charité, perd précisément cette altérité? Témoigner de tels égards envers une personne malade parce qu'elle ne peut accepter, ou « encaisser » ou « assumer » son destin, c'est la rabaisser, l'amoindrir, presque la nier, c'est reconnaître une infirmité : elle a perdu une partie de son caractère, de son être.

Pour le malade, ce qui était jusqu'ici notre temps, à tous, contemporains, est devenu le temps des autres, le temps qu'eux seuls vont connaître. Moi je vais m'ar-rêter à la halte prochaine, eux vont continuer à naviguer – le bateau coule, il faut faire comme s'il ne coulait pas. Ce n'est pas mentir, c'est faire « comme si ». Après tout, ce n'est pas un vrai mensonge non plus, leur existence à tous, c'est une existence comme si.

Ainsi les Allemands cachant à leurs enfants les exactions du temps passé comme si Hitler n'avait pas existé. Ainsi le tortionnaire jugé pour avoir torturé, le nazi de Nuremberg ou de Rosario, ou de Santiago ou de Serbsky. Ainsi le policier responsable de passage à tabac dans un commissariat de banlieue, comme si c'était quelqu'un d'autre. Le cancéreux, comme si c'était autre chose. Nous jouons un rôle comme si nous étions ce que nous ne sommes pas. Le mensonge à soi est identique au mensonge aux autres. Mais on commence d'abord par se mentir à soi.

La valeur des mots. Jeux de mots. Jeux d'idées. Jeux d'attitudes. « Si telle chose m'arrivait, je crois que... je jouerais à... » Le jeu de la vérité. La vérité n'est pas un jeu, réplique l'Homme Sérieux. Trop sérieux pour être honnête. Trop sérieux pour être sincère. La vérité est un choix. Elle s'alimente elle-même. Comme le mensonge s'alimente lui-même. Et la liberté elle-même. Dans un contexte social où c'est impossible. Tout médecin est toujours de Molière, et chaque médecin le sait bien : Formules. Traitements. Phrases. Prescriptions... Le médecin doit dire mais le malade peut choisir de ne pas vouloir entendre.

On peut savoir et choisir de ne pas savoir. Savoir au fond de soi, et justement choisir de ne pas aller au fond de soi. Demeurer à la surface. Inutile de plonger dans l'impénétrable. S'il préfère, justement, nager en surface, ou demeurer entre deux eaux, a-t-on le droit de lui plonger la tête plus profondément vers l'abîme, où l'eau qui surplombe pèse tellement lourd ? La nage sera plus légère, l'eau plus douce et la lumière du soleil y parvient encore, même estompée.

Que le médecin ne se mêle pas d'expliquer la vérité à tout prix : il n'est pas un professeur de vérité. Qu'il se contente d'aider le malade et de répondre à sa demande. Il est là pour cela et pour rien d'autre.

Et si la demande du malade n'est pas formulée de la même manière au moment où il est gravement atteint qu'au moment passé où il était encore bien-portant, c'est justement la preuve qu'il est malade, qu'il n'est plus lui-même et qu'il a besoin qu'on lui mente. « La maladie est une mort partielle », disait Raspail. Même malade, même changé, même fragile, il a le droit de continuer à vivre. Même au rabais. A l'économie. A sa manière.

MONSIEUR GOURY

Toujours vêtu de noir, chemise blanche, cravate, d'une assez belle stature, plutôt corpulent, pesant au moins 90 kilos, M. Goury vient consulter régulièrement, accompagné de sa femme, attentive et inquiète. Il a été opéré quelques mois plus tôt d'un cancer du côlon, a suivi un traitement médical d'une durée de deux ans pour compléter l'intervention chirurgicale, à titre de traitement complémentaire. Il arrive à chaque fois un peu inquiet et repart rassuré. Il sait que parmi les méthodes de surveillance figure, tous les deux ou trois mois, le dosage dans le sang d'une substance connue comme marqueur du cancer de l'intestin. Tant que le taux de cette substance ne s'élève pas, ça va bien. S'il commence à s'élever, il faut surveiller de plus près, et s'il continue à s'élever, il faut éventuellement regarder à nouveau ce qui se passe dans l'abdomen, opération appelée « second regard ». M. Goury continue à travailler. Il a une petite entreprise de famille qu'il fait tourner avec l'aide de ses enfants.

Un jour, le taux du marqueur augmente.

« C'est grave?

– Il faut contrôler. »

On contrôle, le taux s'abaisse. Rassuré. Quelques mois plus tard, il a de nouveau augmenté. On contrôle : il est encore plus élevé. On décide de vérifier un mois plus tard : cette fois, il est anormalement élevé. Qu'est-ce qu'on fait ? Ce qu'on a décidé. On retourne voir. Rendez-vous est pris. Le chirurgien trouve une tumeur plus étendue, inextirpable. M. Goury revient.

« Alors, c'est mauvais ?

– Ce n'est pas très bon... Qu'est-ce qu'on fait ?

– Rien.

– Comment rien ?

– Non, rien. On attend.

– On attend quoi ?

– Vous le savez bien. Vous m'avez traité pendant deux ans pour éviter la rechute. Elle est survenue, peut-être un peu plus tard que si on n'avait pas traité, mais elle est revenue quand même, encore plus grave qu'on ne croyait. Et vous n'avez pas autre chose à proposer ?

– On se revoit dans deux semaines. »

Deux semaines plus tard, il revient, toujours accompagné de sa femme, essayant de garder un visage paisible. Calmement, le malade, le gros patron à visage rond, aux cheveux bien peignés et ordonnés par une raie, d'une voix douce et mesurée, énonce des choses simples :

« Maintenant, je sais. Je vais attendre. Vous me donnerez des calmants si je commence à avoir mal. Je mets toutes mes affaires en ordre. J'ai prévenu mes enfants. Je leur donne tout de mon vivant pour éviter que l'Etat n'en prenne une grande partie au moment de l'héritage. Ne croyez pas que mon calme soit affecté. Je le suis. J'ai bien vécu, j'ai bien travaillé, et j'ai une belle famille. Je ne crois pas avoir rendu les gens malheureux autour de moi (sa femme baisse les yeux pour surmonter son émotion). C'est normal. Maintenant, je dois partir. A d'autres. Il faut bien changer. (Un jour, disait Paul Valéry, un jour on comprendra enfin « que la vie change d'individu comme l'individu change de chemise ».) Je reviendrai quand même vous voir, docteur. Pour vous dire bonjour. Pour voir à quelle allure ça va. Pour faire le point. Il faut quand même faire le point de temps en temps, n'est-ce pas ? »

Il est revenu, comme ça, de temps à autre, de plus en plus maigre à chaque visite, jusqu'au jour où, plutôt que de venir, il a préféré téléphoner, redoutant la fatigue des déplacements. Puis il est resté chez lui, entouré de sa femme et de ses enfants. Il avait tout compris. Tout accepté.

QUELLE VÉRITÉ?

A quoi bon dire, à quoi bon prononcer le mot cancer, disent certains cancérologues, puisque le malade sait de toute façon. En venant consulter, se faire traiter dans cet hôpital, dans cet institut consacré au cancer, dans lequel on ne traite que des patients porteurs de la même affection, il ne peut pas ne pas savoir. Qu'il a un cancer. Que son médecin est cancérologue. Il sait donc que le médecin sait. Il sait même que le médecin sait qu'il sait. Alors, pourquoi en parler? Pourquoi détailler? A quoi bon énoncer une vérité connue? A quoi bon prononcer le mot redouté? A quoi bon épeler les six lettres maudites qui traduisent le malheur infligé à son corps? Supplément verbal inutile, paroles inefficaces et même factices, et pour tout dire réalisme presque inhumain, la conversation à ce sujet n'aura pas lieu. La courtoisie du malade, la discrétion du médecin, le problème de leurs relations réciproques interdisent de recourir à une telle conversation. On parlera du traitement, de la fatigue, de l'amaigrissement, de la formule sanguine, des autres résultats biologiques, des images radiographiques, des prochaines vacances peut-être, mais pas du cancer lui-même. Ça ne sert à rien.

Cette justification du « non-dit » par référence à des rapports humains de qualité et de grande politesse sous-entend des rapports de comédie : acceptant non seulement de subir les examens et les traitements parfois pénibles qu'exige sa maladie, le patient – qui n'a jamais mieux mérité son nom – devrait encore jouer le rôle du malade qui n'en parle pas, du cancéreux qui ne l'avoue pas, du condamné parfois qui ne questionne pas : parmi les innombrables chapitres de la comédie humaine, cette scène entre deux personnes revêtues d'un habit de cérémonie presque mondain est peut-être la plus grotesque et la moins estimable.

La vérité dite au malade n'est pas forcément absente de compréhension, voire de tendresse. Un comédien talentueux et célèbre, porteur d'une tumeur de la gorge, est pressenti pour un des rôles principaux d'une pièce qui doit être jouée au printemps. Les répétitions commencent dans quatre mois. Il est de plus en plus gêné, a quelques difficultés à s'exprimer, est fatigué et doit être soumis à un traitement. Il craint de ne pas être en état de tenir son rôle. Son metteur en scène, qui dirige un des principaux théâtres du centre de Paris, sur les bords de la Seine, a beau être compréhensif, au fur et à mesure des consultations, le comédien s'inquiète plus de son avenir théâtral immédiat que de l'évolution de sa maladie. « On ne va plus vouloir de moi. » Un jour, il arrive détendu et presque souriant. Le directeur du théâtre, bien qu'au courant de son affection, vient de signer le contrat, il sait donc qu'il pourra jouer. Le comédien est rassuré, il va se soigner énergiquement, la vie continue.

Le directeur méritait la fonction qu'il exerçait; aujourd'hui à la retraite, il devrait se souvenir qu'une de ses plus belles mises en scène était celle dont le rideau continuait à s'ouvrir sur l'existence d'un de ses comédiens préférés.

MONSIEUR SAINT-CLAIR

Il faut se laisser guider. Cela dépend des cas. Cela dépend des malades. Il y aurait ceux qui peuvent affronter la vérité et ceux qui ne peuvent pas. Ceux dont le front est assez haut pour pouvoir rencontrer le visage de la vérité, même malheureuse, et ceux dont le front abaissé ne peut rien rencontrer du tout. Les premiers, qui se posent des questions au cours de leur existence, et les sourds, qui ne se posent jamais de questions sans réponse. Les premiers dont l'existence vaut la peine d'être vécue jusqu'à son expérience ultime, les autres qui, après avoir vécu sans se poser de questions, finissent pour mourir sans avoir vécu...

Cinquante-cinq ans, grand, beau, les tempes argentées, il demeure la coqueluche de certaines des plus jolies femmes de Paris qui viennent encore lui rendre visite près du lit où il demeure allongé depuis plusieurs mois, pour une maladie de l'abdomen qui l'empêche de se mouvoir. Il est lucide, calme, apparemment serein. Il vit avec une femme de vingt ans plus jeune qu'il a épousée deux ans plus tôt, et avec sa mère âgée de quatre-vingt-douze ans. « Mon père est mort à quatre-vingt-quinze. Sans cette saloperie, avouez docteur, que j'étais bien parti pour aller loin. Enfin ! »

« Quand je n'en pourrai plus, vous me promettez de venir? »

Il a mis toutes ses affaires en ordre, affaires sentimentales, affaires professionnelles. Et le mot affaire retrouve ici sa vraie définition : son passé, son avenir, tels qu'il les souhaite.

« On essaie quand même un nouveau traitement?
– Si vous voulez. »

Trois semaines plus tard, ça a l'air de marcher. On continue.

« Il n'empêche que je n'arrive pas à me lever. D'accord, je parle avec ma femme, je regarde la télé, je vois des copains, des copines, je m'occupe de mes affaires. Mais ce n'est pas une vie. Quand j'en aurai assez, je vous appellerai. »

Plusieurs mois passent. Des mieux, des pires, des possibles. Il vit dans une chambre ensoleillée à laquelle on accède par un petit escalier, gardé par une vieille dame qui l'a élevé. (On l'avait appelée, dans le temps, sa nourrice.) Un jour, la vieille divague, dit un mot pour un autre, prend un objet pour un autre. Visite médicale pour elle aussi. Examens : tumeur cérébrale inopérable. Deux solutions : l'hospitaliser, elle en mourra; la garder, c'est risqué. Tant pis. Elle a soixante-quinze ans, on la garde le plus possible, tant qu'on peut.

« C'est normal, c'est elle qui m'a élevé, je serais un salaud... »

Il continue à vivre, mais les résultats biologiques témoignent de l'aggravation de l'affection, tout au moins de l'inutilité de la thérapeutique. Puis les douleurs s'accentuent, l'augmentation des antalgiques n'arrive pas à les supprimer. On lui propose une intervention chirurgicale pour faire disparaître les douleurs.

« Foutaise, puisque je ne guérirai pas. »

Un jour il supplie :

« Cette fois, je crois que ça suffit.

– Vous en avez parlé à votre femme ?

– Non.

– Vous ne croyez pas qu'il faudrait ? »

Elle, petite, claire, fragile, pesant sans doute trente kilos de moins que le grand gaillard qui l'a épousée :

« Comme tu veux. Mais tant que tu continues à me parler, c'est bon, tu sais.

– Oui, mais je souffre.

– Fais comme tu veux. »

On décide de passer à l'administration de calmants par voie veineuse permanente, en accélérant le débit de la perfusion jusqu'à cessation complète des douleurs. On y arrive. Il vit comme cela quarante-huit heures, mais ça ne lui convient plus. Il appelle un dimanche, en fin d'après-midi. Il est couché sur le ventre, seul dans sa chambre où s'étend la pénombre.

« Merci, docteur. Vous êtes gentil. Allez-y.

– Et votre femme ?

– Je lui ai dit au revoir. Elle est en bas, elle ne montera plus. Dites-lui bien que je l'aimais. »

Tout est préparé pour qu'il s'endorme enfin paisiblement et définitivement.

« Monsieur ?...

– Oui.

– N'attendez pas.

– Au revoir, monsieur Saint-Clair.

– Au revoir, docteur. » Avec un sourire inoubliable.

Sa main est retombée. La nuit a semblé entrer plus vite dans la chambre. Sa femme est prévenue. Elle attend en bas, dans la salle à manger, en frissonnant, vêtue du pardessus de celui qu'elle aimait, deux fois trop grand pour elle. Elle est montée l'embrasser. « Je n'entendrai plus ta voix. »

« Il m'a seulement dit de vous dire, madame, qu'il vous aimait. »

Elle a souri au milieu de ses larmes, puis elle a embrassé tendrement la main de son mari.

L'AVENIR

QU'EST-CE qui nous fait croire que l'intellectuel consciencieux qui, assis à une table de travail, a pensé pour des milliers de gens, presque moraliste, saura entendre la vérité? Et qu'au contraire le play-boy frivole, dont toute l'existence est faite de clinquant, séducteur, d'apparence superficielle, ne voudra pas l'entendre? Pourquoi la femme dévouée qui passe son temps dans les bonnes œuvres à soulager admirablement les pauvres ne serait-elle pas plus dépourvue que la femme merveilleusement futile qui ne pense qu'à se vêtir, à plaire ou à séduire? Les témoignages sont là, flagrants. Qui a fait le métier d'écrire peut être plus démuni que le play-boy, la sœur de charité plus que la femme du monde, l'homme profond plus que l'homme superficiel, les femmes de bien plus que les femmes de peu. Le clivage des profondeurs passe ailleurs que dans l'attitude sociale.

« Il ne faut pas lui dire. Il ne supporterait pas. » Qu'est-ce que cela veut dire? Ceux qui l'approchent, ceux qui l'ont côtoyé durant sa vie, parfois longuement, croient pour cette raison le connaître. « Il se tuerait. Elle se laisserait aller. Elle dépérirait. Il se laisserait mourir. Elle ne lutterait pas. Il deviendrait sombre... »

Qu'en savons-nous? Qu'est-ce qui nous donne le droit de décider? Si c'était justement pour ceux dont on parle avec une apparente charité et compréhension, et en réalité avec un certain mépris, l'occasion de ce qu'on est en droit d'appeler une révélation? Si cela devait incliner le cours de leur existence?

Cette jeune femme superficielle à laquelle on ne connaît aucune attache sentimentale sérieuse, qui vole de plage en bar et de maison de couture en dîner mondain, n'a comme souci que celui de sa toilette et de son apparence et comme désir que celui de séduire, comment peut-on lui dire qu'elle est atteinte d'une leucémie, comment lui annoncer qu'elle peut mourir bientôt? Elle est trop futile pour l'entendre. Elle va sombrer très vite... Pourtant, comment parvenir à la traiter sans lui expliquer? Comment lui demander un tel effort sans qu'elle sache? Lorsqu'elle apprend la vérité, sa Vérité, elle choisit parmi tous ses amants celui qu'elle aimait en secret sans oser se l'avouer, et va partager auprès de lui les jours qui lui restent à vivre, délaissant ses dîners mondains et ses apparitions publiques mais conservant la suprême coquetterie de continuer à plaire à celui qu'elle aime, malgré la fatigue et les affres de la thérapeutique. On l'avait fixée dans son passé. On l'avait cristallisée dans ses jours anciens. On l'avait réduite à ce qu'elle paraissait. On croyait la connaître.

Ce vieil homme, ancien cavalier, colonel de blindés dans l'armée de la Libération, maintenant qu'il est atteint d'un cancer du poumon et que ses jours sont comptés, à quoi bon lui dire, après une vie difficile, une guerre courageuse, qu'il est condamné? Pourquoi ne pas le laisser tranquillement se reposer dans sa maison de campagne? Il se tuerait peut-être, ou finirait ses jours dans une angoisse horrible et inutile. L'apprend-il, il décide de tenter un traitement, de lutter au moins jusqu'à l'arrivée de sa 76e année, où il réunira autour de lui pour son dernier déjeuner d'anniversaire toute sa famille : femme, enfants, petits-enfants, y compris ceux qui vivent au Canada. Il sait, ce jour-là, qu'il termine sa vie, son existence, par une fête.

Ce jeune garçon passionné de motocyclette, vêtu de blousons de cuir rutilants, recouverts de badges provocateurs, qui ne pense qu'à frimer le samedi soir devant les copains, devant les copines, pour lequel l'histoire du monde n'a aucune importance, dont la seule pensée est d'économiser pour s'acheter l'an prochain la Yamaha 1100 qui fera suite à sa Honda 500, fou comme il est, tête brûlée, on sait trop ce qu'il va faire si on le lui dit. Il va prendre des risques. Il va avoir un accident. Vous serez un assassin. Ce n'est pas son cancer qui va le tuer, c'est vous... Lorsqu'il aura appris la réalité, il se l'achètera plus vite, sa belle onze-cents centimètres cubes, et il partira sur les routes de France avec sa copine participer comme « castor » au retapage d'une vieille maison en Auvergne.

Qu'est-ce qui nous donnait le droit de décider que la jeune femme apparemment frivole ne serait pas aussi capable qu'une autre d'affronter les portes qui ferment derrière elle une existence factice? Qu'est-ce qui nous autorisait à penser que le vieil homme à l'existence déjà longue ne chercherait pas à la prolonger le peu de temps nécessaire pour lui donner le terme lumineux de sa famille et de son passé retrouvés? Qu'est-ce qui nous permettait de croire que le garçon passionné de mécanique et apparemment « sauteur » ne roulerait pas avec autant d'attention sur le chemin de sa vie accidentée par la maladie que sur les pavés ou le macadam empruntés par sa moto?

Lui aussi, comme les deux autres, on l'avait réduit à son passé, à son apparence. On croyait les connaître. On ne connaissait qu'une image. Elle était vraie. Elle était fausse : vraie pour hier, fausse pour demain.

« Beaux exemples que vous citez là. Vous avez fait un pari. Et s'ils s'étaient suicidés?

– Eh bien, ils se seraient suicidés. Ils en avaient le droit. Mais ils ne l'ont pas fait. »

Si cela devait les changer en eux-mêmes, enfin, parce que prenant tout d'un coup conscience qu'ils pouvaient mourir, ils devenaient des êtres mortels, des êtres humains vivants qui ont commencé à penser la mort? Qui nous dit qu'ils en soient incapables? Et que malgré leur angoisse même ils ne le souhaitent pas? De quel droit décidons-nous pour eux? Du droit de mentir aux gens pour leur bien. Parce qu'il est bon de ne pas savoir. Ni qu'on va mourir. Ni qu'on s'est trompé. Ni qu'on est trompé. Ni qu'on est floué. Ni qu'on a mal calculé. Ni qu'on a perdu au grand pari de la vie et de la politique. Et que son choix était mauvais. Faites-moi confiance, dit le médecin au malade, et je vous mènerai sur les rives de la guérison. Faites-moi confiance, dit le politicien au peuple, et je vous mènerai sur les rivages du bonheur. Car le malade fait confiance, toujours. Et le peuple fait confiance, toujours...

Une erreur d'appréciation semblable est faite au niveau de certains choix : lorsqu'il s'agit par exemple de choisir ou d'élire un homme politique. On calcule sa conduite, ses options futures à partir de ce qu'on sait de lui, de son passé. C'était un bon général, il fera un bon ministre des Armées. C'était un bon tennisman, il fera un bon ministre des Sports. C'était un bon professeur d'économie, il fera un bon ministre des Finances. C'était un bon ministre des Finances, il fera un bon président de la République. Et c'est l'ancien ouvrier qui fera un bon ministre de la Santé, et le marchand de bretelles ou le comédien de seconde zone qui sera un bon président de la République. L'ancien employé de banque un bon ministre de l'Economie. Et le général un mauvais ministre des Armées. L'écrivain un mauvais ministre de la Culture. Il est très bon médecin, il fera un bon patron. Il est très bon chercheur, il fera un bon Directeur d'Institut. Pas sûr. Pas sûr du tout. Erreur souvent...

Il faudrait connaître l'avenir de ceux que nous choisissons, leur potentialité de changement, leur possibilité d'adaptation, que non seulement nous ignorons mais que nous nous interdisons même d'imaginer, simplifiant le rapport de l'être humain à son avenir à une simple projection de son passé. Sans faire intervenir les données de la situation nouvelle, les modifications de la situation personnelle. Sans faire entrer en ligne de compte le piment du pouvoir accordé, l'engrais de la flatterie, le ricochet de la soumission. Voitures de situation. Chauffeurs. Appartements de fonction. Maîtres d'hôtel. Huissiers. Robes de délégation. Essayeuses. Couturiers. Voyages de mission. Avions supersoniques. Restaurants d'affaires. Meilleurs plats, vins fins, notes impayées... L'éloignement du citoyen ordinaire, la distance quotidienne, l'absence de reflet dans le regard d'autrui, qui sait y résister? Alors qu'il est si doux de se laisser glisser dans un monde où les rapports avec les choses ont perdu leur aspérité, où tout semble avancer sans bruit, rouler sans grincement, huilé par les facilités offertes comme un dû.

Le passé d'un individu n'est qu'en partie garant de son avenir. Il ne l'est pas absolument. L'avenir, même facilité par un passé brillant, même menacé par un passé difficile, l'avenir demeure vierge. C'est la condition de notre liberté. Un héros de la Guerre de 14-18 devient après 1940 le chef des tortionnaires français. Un responsable des ouvriers de la banlieue ouvrière devient dix ans plus tard le chef des fascistes français. Un général menant ses troupes à la victoire signe vingt ans plus tard l'armistice déshonorant qui livre à l'ennemi les réfugiés ayant obtenu l'asile dans son pays. Le général Pétain devient le maréchal Pétain.

Mais aussi un assassin de bas étage devient, engagé dans la Légion étrangère, un héros. Un petit voleur se sacrifie pour sauver un copain. Le bandit devient un homme de bien. Jean Valjean devient Monsieur Madeleine.

Impossible de prévoir un individu. Et pourtant il faudrait essayer de calculer. Mais on n'y pense guère. Il n'est pas une machine. Ni une bête. Ni un ordinateur. Que les récompenses puissent être utiles, qui le nierait? Rubans ou hochets de la vanité, peut-être. Aussi parfois reconnaissance de la société. Il a bien servi son pays, il a mérité la Légion d'honneur, et il porte ce ruban, cette croix comme témoignage justifié de son courage passé, de sa grandeur passée, des services rendus. Mais l'avenir? « Je ne pouvais pas savoir », disait admirablement Saturnin Fabre dans un film de 1936 à propos d'un escroc qui l'avait abusé, « je ne pouvais pas savoir, il avait la Légion d'honneur... » Parole drôle. Parole profonde. Si l'habit ne fait pas le moine, la décoration ne fait pas l'honnête homme. Pourquoi l'enfant studieux qui a mérité à l'école par son travail et sa conduite la croix du bon élève ne serait-il pas autorisé à la porter sa vie entière? Elle est souvent plus difficile à obtenir que d'autres décorations.

SINCÉRITÉ

Lorsqu'on cache la vérité à la malade pour la dire à son compagnon, lorsqu'on déguise la vérité au malade pour la révéler à sa femme, on crée un ménage à trois. Celui, ou celle, qui va survivre sait que l'autre va mourir et l'autre ne le sait pas. Entre eux, un personnage plus étranger qu'une personne physique : le cancer. Un rideau opaque pour le restant de leur existence.

Un admirable sculpteur a été victime il y a quelques années de cet aveuglement : il avait un cancer de l'estomac et on lui avait raconté une autre histoire. Après un certain temps, sa femme ne sachant plus quelle conduite observer alla demander conseil à un ami : « Je ne peux donner aucun conseil, dit-il. On ne peut donner de conseil à personne. Tout ce que je puis dire, c'est que moi, je souhaiterais savoir. »

Quelques jours plus tard, profitant après une consultation d'une demande par le sculpteur de renseignements supplémentaires, sa femme décide de lui dire toute la vérité. « A partir de ce moment, écrit celle qui raconte l'histoire, ils étaient redevenus transparents l'un à l'autre. »

La vérité? Type même du faux problème, disent un grand nombre de médecins, de politiques, d'hommes de tous les jours. « Qui peut se flatter, se vanter, de connaître la vérité? » Même dans la Science...

La vérité dans les rapports humains prend un autre aspect. Ce n'est pas « Docteur, Monsieur le Ministre, Maître, Monsieur le Directeur » dites-moi la « vérité ». Je sais bien que vous ne pouvez pas connaître exactement l'évolution de ma maladie, les fluctuations de la conjoncture, la décision des juges, les aléas du marché... non, je ne suis pas assez fou pour cela, ou assez simple. Je vous demande seulement, comme malade, comme citoyen, comme plaignant, comme ouvrier, comme employé, de me dire ce que vous êtes en train de me cacher, ne celez pas ce que vous pensez, ce que vous espérez, ce que vous croyez. Vous pouvez vous tromper. Mais vous ne devez pas mentir. Autrement dit : soyez sincère. Même si je vous suis inférieur dans la connaissance, ignorant de la technique de votre métier – et c'est normal, et c'est justice –, faites de moi votre égal en m'expliquant ce que vous savez et que je peux comprendre. Reconnaissez-moi comme un être humain à part entière. Que le savoir qui nous sépare vous ennoblisse vous, mais ne fasse pas de moi un infirme. Ne transformez pas la distance en fossé, aplanissez les creux de la séparation, essayez de construire un pont, si fragile soit-il. Je sais bien que vous ne mentez pas par mépris. Vous me mentez parce que je ne peux pas comprendre. Vous me mentez pour ne pas me faire encore plus mal. Vous me mentez pour mon bien. Mais vous vous trompez. Je suis seul juge de ce qui est bien ou mal pour moi, et je suis seul à payer si je me trompe.

Ce n'est peut-être pas du mépris, mais vous me jugez incapable. « Il ne peut pas. » « Elle ne peut pas. » Vous me croyez incapable d'entendre. Surtout, vous ne voulez pas me faire de la peine. Et vous me direz qu'il s'agit d'un petit polype et non pas d'un cancer qui s'étend déjà, que mon affaire sera jugée favorablement alors que la loi ne le permet pas, que les clignotants économiques sont au vert alors qu'ils sont déjà à l'orange en attendant le rouge, que mon salaire pourra être augmenté alors que mon emploi lui-même est menacé... J'ai bien peur qu'en réalité vous n'éludiez ainsi des questions supplémentaires, et que votre attitude ne soit en fait la plus commode pour parvenir à vous débarrasser de moi. Car je suis un gêneur. Ce serait tellement plus simple de soigner le Cancer s'il n'y avait pas les malades. De défendre la Justice s'il n'y avait pas les plaignants. De gouverner la France s'il n'y avait pas les Français. De diriger une usine s'il n'y avait pas les ouvriers. Le matériel représente toujours un obstacle, et le plus gênant demeure le matériel humain. »

Tromper un malade, c'est le mener sur une route différente de celle qui va être la sienne. Ce n'est plus la route de sa vie, assombrie peut-être par la maladie, mais dont la lumière demeure celle de son ciel. C'est un chemin illuminé par les lampes et les sunlights dont vous réglez vous-même l'intensité. Il est en représentation malgré lui. Il n'a rien à dire. Rien à penser. A ses questions, les réponses sont données d'avance. Il est devenu un pantin. Un écran le sépare désormais des autres. On ne parle plus à Claire, 35 ans, 3 enfants, archéologue; on parle à Claire cancéreuse. On ne parle plus à Philippe, 50 ans, célibataire, sculpteur; on parle à Philippe cancéreux. On ne parle plus à Robert, 40 ans, marié, 2 enfants, ajusteur; on parle à Robert cancéreux. On ne parle plus à Roger, écrivain, marié; on parle à Roger cancéreux. Tous cancéreux sans le savoir. Ce qui les signale le plus à l'attention d'autrui est inconnu d'eux-mêmes.

Marionnettes dont les autres tirent les ficelles, même dorées. « Oui, tu pourras jouer le rôle d'Elvire dans six mois. Oui, tu pourras refaire de la plongée sous-marine dans un an. Oui, nous irons skier ensemble à Pâques. Oui, tu assisteras au mariage de ta petite-fille. Oui, tu iras au Paradis... » Déjà enchaîné par la maladie, limité dans ses mouvements, on l'enchaîne dans ses pensées en le laissant construire des projets qui sont autant d'illusions. Et, pensent certains, puisque la vie n'est qu'un rêve, ou un cauchemar, pourquoi ne pas l'enjoliver, l'embellir, la truquer même? Médecins, Politiques, Avocats, Directeurs, Technocrates, tous marchands d'illusions. En quête de sourires, d'approbation, ou de bulletins de vote.

Il n'est pas vrai que la vérité ne soit pas rentable, et qu'à la longue on ne soit pas rémunéré. Lorsque vous modifiez la vérité, lorsque vous édulcorez la réponse difficile, lorsque vous déguisez de mauvais résultats, lorsque vous estompez des images ennuyeuses, appelez ça comme vous voudrez, lorsque vous mentez, vous distribuez de la fausse monnaie. Clinquante mais fausse. Sonnante mais fausse. Et le son de votre voix est celui d'un mauvais comédien. Vous vous croyez, Monsieur le Professeur, Monsieur le Ministre, Monsieur le Directeur, un bon comédien. Vous vous trompez. Le bon comédien est celui qui interprète avec justesse un personnage qui n'est pas le sien. Vous, vous jouez avec fausseté un rôle qui est le vôtre. A la comédie de la vie, vous êtes un ringard.

MONSIEUR DAMIEN

Il arrive, il est grand, 1,80 m, visage à la peau mate, pommettes un peu saillantes, avec un grand sourire calme, accompagné de sa femme. Très souvent, lors de ces consultations médicales où leur destin semble se jouer, les malades se font accompagner par celui ou celle qui partage leurs jours.

« Voilà, docteur, ce sera plus simple... »

Il tend la lettre d'un confrère. « Le malade est porteur d'une tumeur de la peau disséminée. Multiples lésions cutanées. Chimiothérapie depuis plusieurs mois : échec. Il souhaiterait faire un essai d'immunothérapie. »

« Faites voir, monsieur. »

Il se déshabille : dans presque toutes les régions du corps, des lésions cutanées, des petites bosses dont certaines noirâtres, une quarantaine en tout. Le foie est également atteint.

Le malade :

« Parlons clair. J'ai peu de chances de guérir. Je voudrais essayer un dernier traitement. Faire une dernière tentative. Une immunothérapie. J'ai lu que, dans certains cas, ça pouvait marcher. En tout cas, je suis ingénieur, le raisonnement intellectuel me séduit. S'immuniser contre sa maladie.

— Bien. On va donc vous enlever un ou deux nodules, préparer une sorte de broyat cellulaire qu'on fera irradier afin d'obtenir une sorte de vaccin et on y associera du B.C.G. »

Rendez-vous est pris avec le chirurgien pour la première étape, l'ablation des nodules. Une semaine plus tard, la préparation est effectuée et le traitement appliqué deux fois par semaine. Après quatre semaines : aucune amélioration. Après six semaines : nouveaux nodules. Conclusion : échec total. Qu'est-ce qu'on fait? Rien. On attend pour voir si le traitement peut avoir un effet retardé.

« Ça arrive?

– Quelquefois. »

On attend donc. Rien.

« Qu'est-ce qu'on fait?

– Qu'est-ce que vous voulez qu'on fasse? Regardez le résultat : zéro. On va essayer autre chose.

– Non. Tant pis. Raté! Au revoir. Je vous donnerai peut-être de mes nouvelles. »

Deux mois plus tard, le dernier nom de la consultation : M. Damien.

« Bonjour, docteur.

– Bonjour, comment ça va?

– Mal.

– Qu'est-ce que vous êtes venu faire?

– Prendre congé. Vous dire au revoir. Je m'en vais.

– Où?

– Je ne sais pas encore. Dans une île où je finirai ma vie seul, et quand je me rendrai compte que je suis au bout du rouleau, comme on dit, de ce rouleau de mauvais percheron qu'est ma vie, je me tuerai.

– Comment?

– J'emporte un revolver.

– Vous emmenez votre femme?

– Vous n'êtes pas fou! Je laisse ma femme et mes gosses. L'aînée, dix-huit ans, est très bien, elle prendra soin de sa mère. Les plus jeunes aussi sont bien. Je les ai prévenus que j'allais partir.

— Vous leur avez dit toute la vérité?

— Non. Je leur ai quand même dit que je ne savais pas si je reviendrais, que j'ai une maladie très grave qu'on ne sait pas encore guérir. J'ai fait tout ce que je pouvais. J'ai été coopérant avec les médecins, avec la science moderne. J'ai recouru aux différentes techniques : chirurgie, radiothérapie, chimiothérapie, immunothérapie. Rien n'y a fait. Ça pousse toujours. Ça s'aggrave de jour en jour. Alors, les enfants, il ne faut pas m'en vouloir, je vais partir pour un long voyage en mer, un très long voyage.

« Voilà, docteur. Je trouve que le moins que je pouvais faire, c'était de venir vous dire au revoir. »

Un petit garçon à sa mère :
« Pourquoi Papa nous quitte? »
Elle répond :
« Pour toujours rester Papa... »

L'EXCLUSION

« Il ne peut pas. » « Elle ne peut pas. » Moi je
pourrais. Pas lui. Pas elle. Pourquoi? Au nom de quoi
peut-on décider? Qu'est-ce qui permet de tracer cette
ligne de partage entre ceux qui peuvent affronter un
destin difficile et ceux qui ne peuvent même pas
l'envisager? Qu'est-ce qui permet de dire à des familles, des amis, des collaborateurs, des médecins : « Il ne
peut pas »? L'image que nous avons de lui. De ses
années vécues. En fait, de son passé. Nous calculons
son avenir en fonction de son passé. Nous faisons des
jours perdus les garants des jours à venir. Il n'y a plus
d'espace libre entre son histoire et sa vie. Car la vie
d'un être humain, c'est ce qui va être plus encore que
ce qui a été. Le passé n'est plus la vie. L'avenir l'est. Et
on lui coupe son avenir dont on fait la simple continuation de son passé. On le calcule. On le négocie. A
l'aune de la connaissance que nous avons de lui. A la
mesure que nous aurons effectuée de près ou de loin
au cours des jours enfuis. On lui supprime le degré de
liberté acquis à la naissance par tout être humain pour
sa conduite sur terre. Sorte de jansénistes à la petite
semaine qui estimons marquée de toute éternité l'attitude d'un être humain au nom du dieu Passé, seule
certitude que nous avons de lui, nous sommes simplement incapables d'imaginer un avenir peut-être différent, et nous l'extrapolons, transformant le « déjà

vécu » en « à vivre encore ». L'individu est fixé à ce moment de sa vie comme un papillon attrapé en plein vol : il est piqué sur la planche de son existence passée, témoin de l'existence future. On en fait un handicapé de l'avenir. Un infirme du futur. On arrête son existence avant l'heure. On bloque les feuilles du calendrier : pas de feuilles blanches qui seraient à lui, des feuilles jaunies qui sont les nôtres. Sous prétexte de pitié envers lui, en réalité sous prétexte de sécurité pour l'entourage.

Il n'est pas possible d'affirmer sans prétention que dire la vérité est la seule attitude valable, même si elle est apparemment la seule authentique. On peut imaginer qu'un pieux mensonge, le soulagement offert par un faux diagnostic, la consolation apportée par de bonnes paroles éloignées de la réalité puissent être reconnus comme conduite et défendus comme attitude, puisque c'est celle observée à l'heure actuelle dans le monde par la plupart des membres du corps de santé (médecins, infirmières, autorités sanitaires). Dans la majorité des pays, l'usage veut qu'on n'annonce pas à un malade porteur d'un cancer encore difficilement guérissable qu'il est atteint de cette affection. D'Amérique du Sud au Japon, d'Europe occidentale à celle de l'Est, de l'Union soviétique à la Chine, l'usage est de cacher le diagnostic d'une maladie encore potentiellement mortelle dans 55 p. 100 des cas. Que cette attitude soit ainsi observée d'un bout à l'autre de la planète (à l'exception de quelques centres américains et de quelques médecins européens) par des sociétés aussi éloignées géographiquement, socialement, possédant des systèmes politiques et économiques aussi différents, doit correspondre à un besoin fondamental de l'espèce humaine, à un bon sens presque universellement partagé : on n'annonce pas à un individu la proximité de sa mort éventuelle. Cette attitude étant ainsi reconnue et parfois même officialisée, il faut bien admettre qu'elle conduit – sous prétexte de soulager le patient, d'écarter de lui l'angoisse et de calmer son appréhension, d'expliquer parfois avec futilité une difficulté physique, de justifier avec légèreté un ennui de comportement – à apporter à ses questions des réponses préparées. On ne lui parle plus comme avant. On lui parle de façon différente. On le traite en permanence. Avec les médicaments. Avec les paroles. Avec les gestes. Pour le calmer. Pour le rassurer. Pour l'aider. Malade sur tous les plans. Dans toutes les dimensions. On fait semblant de le laisser travailler. On fait semblant de le laisser décider. Tout est fait à sa place. Sans qu'il sache. Il ne fait plus partie de la société. Il est déjà retiré du monde des vivants. Du monde des personnes libres. Devenus esclaves du mensonge, tous ceux qui l'entourent, les autres, par leurs réponses toutes faites, par leurs gestes stéréotypés, font de lui un esclave.

On peut, il faut le dire avec force, justifier cette attitude qui se veut de compréhension humaine et d'atténuation de la peine, on peut même l'appliquer. Mais, puisqu'il faut donner aux conduites humaines leur vrai visage, puisqu'il faut appeler les choses par leur nom : cette conduite relève de l'euthanasie sociale.

LES GRANDS HOMMES

Un médecin est invité à faire une conférence à l'Ecole d'Infirmières dans un hôpital de la banlieue parisienne, conférence-débat portant sur les rapports avec les patients porteurs d'une affection sévère.

Dès son arrivée, la surveillante responsable des cours s'adresse à lui :

« Nous sommes très ennuyées. Depuis que nous avons annoncé votre conférence, de nombreux médecins sont venus nous dire : « Pourquoi avez-vous fait « appel à un médecin extérieur à l'hôpital? »

– Ils ont raison, répond le médecin invité. Pourquoi?

– Parce que nous pensons qu'aucun d'eux n'aurait accepté.

– Peut-être, mais il fallait au moins le leur demander. Vous devez comprendre que je suis très gêné d'intervenir dans de telles conditions. Qu'allons-nous faire?

– ... Ils nous ont dit qu'ils allaient venir quand même et assister à la réunion. »

Les infirmières, une centaine, prennent place dans l'amphithéâtre, presque toutes en blouse de travail, quelques-unes en civil. L'emploi du temps prévoit un exposé préliminaire suivi d'un débat.

Le médecin commence à parler. Des malades. Des traitements. Du cancer. De la vérité. Trois quarts d'heure s'écoulent. Et la surveillante, assise sur l'estrade à son côté, fait un signe du pied au conférencier : arrivent par la porte du haut sept à huit médecins qui restent debout, derrière les derniers gradins, sans s'asseoir, sans retirer leur pardessus ou leur imperméable, manifestant ainsi qu'ils souhaitent assister à la réunion sans y participer.

Le conférencier reconnaît parmi eux un neurologue qu'il avait côtoyé et beaucoup apprécié au temps où il travaillait dans un service voisin du sien, dans un autre hôpital de la banlieue. Il se sent très mal à l'aise. Pendant qu'il continue à parler, il pense « Je l'aime bien. C'est un brave type. C'est un très bon neurologue. Je l'estime. Qu'est-ce que je fiche ici, à faire une conférence sur son territoire... » Il termine assez vite l'exposé préliminaire.

La surveillante passe la parole à la salle. Quelques questions sur le traitement du cancer, sur la prévention, sur les nouvelles méthodes d'investigation. D'autres, sur la vérité au malade. On s'efforce d'y répondre.

Soudain, du haut de la salle une question tombe, agressive.

« Et comment ça se passe chez vous? (C'est le neurologue.)

– Ça se passe comme on peut. »

(« Il m'attaque, pense le conférencier, mais ce n'est pas grave, il parle, il participe, tant mieux. ») Et il continue :

« ... ça se passe comme on peut. Cela dépend des malades, des médecins, des services. »

La discussion continue. Et le neurologue, qui a enfin retiré son imperméable :

« Je me souviens quand nous allions voir les malades en secteur stérile (où il n'hésitait jamais à entrer, malgré la corvée du déshabillage et du revêtement d'une casaque stérile)... je me souviens... »

Ça y est. Il n'est plus fâché. Et la discussion sur la vérité continue, parfois âpre, toujours intéressante et vivante. Brutalement, le neurologue, habituellement calme, pondéré, pas du tout le genre excité, explose :

« Eh bien, c'est vrai. C'est un scandale. Quand je pense à cet écrivain – et devant plus de cent infirmières et élèves, il lance à la volée le nom de l'écrivain célèbre, titulaire de prix littéraires, auteur de romans et de Mémoires –, quand je pense à lui, devenu chauve à cause de la chimiothérapie, toussant à cause d'un cancer du poumon survenu à force de fumer trois paquets par jour, amaigri encore plus par la maladie, j'ai honte encore aujourd'hui quand j'entends sa voix éraillée après une quinte de toux terrible : « Putain, « putain de virus, quand est-ce qu'il va ficher le camp, « que je puisse enfin recommencer à écrire... »

– Putain de vie, reprend le neurologue, putain d'existence. C'est une honte. Combien de fois ai-je eu envie de lui dire : « Mais, mon vieux, on se fout de « votre gueule... »

Après cet éclat, suivi d'un lourd silence, la discussion s'est poursuivie sans plus jamais approcher de cette intensité. A la fin les deux médecins se sont retrouvés avec chaleur.

« Pourquoi ne le lui avez-vous pas dit?

– Je n'ai pas osé. J'y ai souvent songé. Mais il y a des moments où je pensais : si je le lui dis, c'est peut-être pour être méchant... »

Le malheureux écrivain avait laissé après sa mort des Mémoires publiés par sa femme qui, par respect pour lui, a décidé de n'en rien retrancher, allant même voir une à une les personnes risquant d'être concernées dans leur vie privée, s'excusant parfois de certains détails, pour obtenir leur accord : « Il l'a écrit. Ça doit paraître. Par respect de la vérité. C'est dans le bouquin. Il ne faut pas le retirer. »

Il avait cherché à écrire des moments de vérité, participé à la Résistance au nom de la vérité d'un peuple asservi, adhéré à une organisation politique au nom de la vérité d'une société meilleure. Et ses derniers jours lui ont été fauchés. Avec la complicité de tout le monde.

Il avait fallu qu'il en ait gros sur le cœur, le brave médecin neurologue, pour avoir sorti ça ce soir...

On pourrait aussi raconter l'histoire d'un grand homme de science, qui avait tant écrit pour la vérité des faits et la liberté des hommes, et qui a pris le même chemin que l'écrivain. Ils s'en sont allés tous les deux sans savoir, puisque c'était pour eux qui savaient presque tout le seul savoir impossible.

Et à l'opposé, l'histoire de ce voyageur de commerce, de ce ministre qui, au moment du rendez-vous avec la mort qu'ils savaient proche, ont décidé de la regarder en face et de précéder le rendez-vous qu'elle leur avait fixé.

Les uns comme les autres, les premiers comme les seconds sont des êtres humains que personne ne peut juger, puisque nous sommes tous encore vivants. Mais que nous pouvons regarder vivre et mourir, puisque c'est notre lot. Et qu'au Jeu de la Vie et de la Mort il n'y a, à la longue, jamais de gagnant.

Il y a de grands écrivains, de grands hommes de science, de grands médecins. Il y a peu de grands hommes. Il ne faut pas mélanger. Un grand homme peut être un médiocre écrivain. On connaît de grands médecins qui sont de piètres poètes.

Un grand écrivain peut être un pauvre type. Drieu La Rochelle, bel écrivain, manieur de phrases, à la conversation chatoyante, au charme profond, mais malheureux avec les femmes, avec ses concitoyens, avec le monde, avec lui-même : un pauvre type. Louis-Ferdinand Céline, grand écrivain, un des plus grands peut-être, créateur de langage, exploiteur des mots, et un vomisseur, un aigri, devenu antisémite parce qu'il s'était, pour une place de médecin dans un dispensaire, fait « doubler » par un juif : un pauvre type. Robert Brasillach, un poète, courageux, fragile, excessif, grand historien du cinéma, avec une partie du cœur sur les collines d'Athènes-la-sage, qui soudain déverse dans les journaux de la barbarie des insultes ressemblant à des dénonciations : un pauvre type. Jean Giraudoux, modèle d'élégance et de retenue, image de la modération et de la finesse françaises, qui se sent « pleinement d'accord avec Hitler pour proclamer qu'une politique n'atteint sa forme supérieure que si elle est raciale ». Pauvre type encore. Louis Aragon, l'écrivain le plus doué de la moitié du siècle et le plus prolifique, le poète le plus délicat, à la fin d'une existence commise au nom d'une idéologie souvent meurtrière, un pauvre type regardant sa main droite qui a écrit tant de lignes qu'il renie, regrette qu'elle ne soit pas coupée! George Sand aussi, libératrice des femmes, qui finit par cracher en 1871 sur les corps des communards assassinés. Pauvre type, Maurice Barrès, patriote qui tient haut la hampe du drapeau français devant les jeunes conscrits qu'il convie à la guerre et à la mort, et qui demeure douillettement dans son appartement parisien. Pauvre type, Maurice Clavel, écrivain de cœur et de passion que semblait écorcher toute injustice et qui, quelques mois avant de mourir, décrit avec une pitié compréhensive, parce qu'il est seul dans un stade au milieu de la foule argentine, le général Videla, bourreau de son peuple. Même Charles de Gaulle, soldat de la liberté, symbole de la résistance d'un peuple qu'il guide et accompagne vers la victoire, pour lequel il rétablit la démocratie, et qui à la fin de sa vie, déchu, au retour des landes irlandaises, fait un détour pour aller serrer la main d'un des assassins de l'Espagne, le général Franco, parce qu'il avait le même âge que lui et qu'il était encore au pouvoir, un collègue : deux pauvres types... Tous des pauvres types. Nous sommes tous des pauvres types. La vérité, c'est qu'il n'y a pas de grands hommes, il n'y a que ce que nous en faisons, lecteurs, spectateurs, citoyens. Ce n'est pas eux qui sont beaux. C'est l'image que nous nous en faisons qui est belle. C'est dans votre cœur et dans votre tête qu'ils sont grands. Seuls leurs écrits, leurs œuvres restent. Grands parfois à jamais. Ne pas confondre. Y associer leur personne et leur vie, pour essayer de comprendre? Les dissocier pour continuer à aimer? Ce qui est important, ce n'est pas eux, c'est comme le disait Proust ce qui est sorti d'eux. Seule compte leur demeure historique que nous partageons avec eux, leur habitation privée est sans aucune importance. Au fond d'eux-mêmes, ils savent bien, ces conquérants de plume et d'épée, qu'ils finiront tous à Sainte-Hélène.

MONSIEUR PIOSIK

Il a une soixantaine d'années, un visage aux traits un peu grossiers, les pommettes couperosées, le nez long et busqué qui rejoint presque la bouche, de petits yeux rieurs. Il porte en général une casquette pour se protéger des courants d'air qui, sur une calvitie presque totale, risquent d'entraîner des rhumes... Il a déjà téléphoné au médecin pour lui demander de venir voir sa femme à domicile, et lui éviter ainsi l'angoisse de se rendre dans un centre spécialisé : elle a beau savoir qu'elle a un cancer du sein, ça l'embête de risquer d'accentuer sa peine.

« Quand vous voudrez, monsieur le Docteur, n'importe quel jour, à n'importe quelle heure. Vous choisissez, vous dites. »

Rendez-vous est pris pour un mardi soir en fin d'après-midi.

« A quelle heure ?

– Je ne peux pas vous le dire exactement. Sans doute, vers sept heures. »

La consultation du mardi se traînant, le médecin téléphone à M. Piosik :

« Ne vous inquiétez pas. Je vous promets de passer, mais ce sera peut-être tard.

– Aucune importance, monsieur le Docteur. Du moment que vous venez. »

Vers huit heures et demie, le soir, sur le boulevard Richard-Lenoir, qui luit sous la pluie et les becs de lumière, près de la Bastille, en cherchant le numéro de l'habitation, le médecin aperçoit un homme qui fait les cent pas et qui le hèle :

« Vous êtes monsieur le Docteur? Tenez, je vous ai gardé une place pour votre voiture.

– Où ça?

– Ici. Je déplace la mienne.

– Il ne fallait pas...

– Si, si. Ce n'est rien. »

Une fois sa voiture rangée, le médecin attend que l'autre voiture ait trouvé une place à distance. M. Piosik revient, vêtu d'un imperméable et de sa casquette aux bords rabattus sur les oreilles, semblable à celle des habitants d'Europe orientale.

« Il ne fallait pas m'attendre. Vous étiez là depuis longtemps?

– Aucune importance. Je voudrais vous parler. »

Ainsi, cet homme a attendu plus d'une heure sous la pluie, pour éviter au médecin, qui venait voir sa femme en consultation, d'avoir à chercher une place pour ranger sa voiture et risquer de marcher sous la pluie.

« Je voudrais vous parler, vite. Vous allez voir que ma femme, elle a un cancer (il parle avec un accent étranger, l'accent reconnaissable des réfugiés d'Europe centrale)... elle a un cancer, mais, si je peux me permettre, il faudrait que vous regardiez aussi ailleurs, dans la tête. Les soucis la rongent, peut-être plus que la maladie. Enfin, vous verrez.

– Merci. »

Mme Piosik attend, gémissante, sa voix n'abandonnant jamais des inflexions presque larmoyantes. Il s'agit d'un cancer du sein déjà traité, irradié, qui ne paraît pas en très bon état, mais ne semble en tout cas pas menacer sa vie dans l'immédiat. On essaie de la rassurer.

« Ça, docteur, ce n'est rien?

– Ce n'est pas très important.

– Ça, ce n'est rien non plus? Je ne vais pas mourir bientôt? »

Et, debout derrière sa femme pour qu'elle ne le voie pas, M. Piosik met un doigt sur son front dont il soulève les rides, l'air de confier : « Je vous l'avais dit, la tête, les idées noires, les idées folles... » S'adressant à sa femme :

« Ecoute ce que dit M. le Docteur, il dit que tu vas bien.

– Pour lui, répond-elle, tout va toujours bien. C'est vrai qu'après tout ce qui nous est arrivé pendant la guerre... »

Pas nécessaire d'insister, pas besoin de précision supplémentaire. Cet accent, cette façon d'être prévenante sans être obséquieuse, gentille sans être servile, cette sorte de malaise au milieu des autres, alourdi par l'accent, par les tournures de phrases, par les gestes, cette traînée du malheur dominée par un sourire de dégoût pour tout ce qui n'est pas sur terre le plus important : la vie, la mort...

« Pendant la guerre?

– Oui.

– Vous avez été déportés?

– Oui. Mais on a eu de la veine. On en est revenus... »

Lors d'une consultation ultérieure, un mois plus tard, une fois l'ordonnance rédigée :

« Vous voulez prendre un verre?

– Je veux bien.

– On n'a pas grand-chose. Whisky?

– Si vous voulez. Vous en prenez?

– Un peu avec vous.

« – Et vous, madame?

– Moi non. Je n'aime pas. »

Alors, plus qu'intéressé par ce visage dur qu'attendrit parfois un sourire crispé, le médecin lui demande :

« Et vous, monsieur, ça va?

– Ça va. On fait aller.

– Allez, racontez-moi un peu...

– ... Si vous voulez. »

De cette voix inimitable, jamais mièvre ni hautaine, même quand elle doit faire le récit de drames, Piosik raconte sa vie :

« Je suis né en Pologne. Juif, c'est déjà pas facile, vous savez, mais juif polonais, c'est encore plus compliqué. Enfant, j'ai cru que tous les malheurs du monde, le fascisme, l'antisémitisme, le racisme, étaient liés. Alors j'ai décidé de me battre. J'étais costaud à dix-sept ans. Je me suis engagé dans les Brigades internationales en Espagne. C'était bien. Il n'y avait plus ni Juifs, ni Polonais, ni Français, ni rien. Tous du même pays. On aurait dû gagner. On l'aurait mérité. Mais les autres avaient les armes. Et puis on a été battus. On a franchi la frontière. En France, comme j'étais étranger, on m'a hébergé dans un endroit qui est devenu le camp de Gurs. Quand la guerre est arrivée, j'ai été interné. J'étais suspect.

– Vous y êtes resté longtemps?

– Je me suis échappé. Je me suis engagé dans la Résistance française. J'ai été encore arrêté. Et j'ai été déporté en Allemagne.

– En Allemagne, combien de temps?

– Quatre ans. Toute la guerre. D'un camp à l'autre. A la dernière place. Au dernier échelon. Juif et Polonais. Race inférieure multipliée par deux.

– Comment avez-vous pu tenir?

– Pour deux raisons, monsieur le Docteur. Ça (et il montre son front), la volonté... Et puis les copains. La volonté : pour essayer de vivre un peu plus longtemps que ceux qui nous gardaient, rien qu'une minute peut-être, mais une minute de plus. Et les copains, ceux qui étaient aussi bas que nous : les juifs d'abord, les Russes. Les Polonais un peu plus haut. C'est là que certains copains juifs m'ont dit : « Ils nous mettent de « côté, plus bas encore que les autres, juste après les « Russes; tu ne crois pas que si on avait un pays nous « aussi...? »

— Alors, vous êtes pour l'Etat d'Israël?

— Bien sûr qu'il l'est, coupe sa femme. Il n'est même plus que pour ça. Il ne pense qu'à ça. Il y a même des fois où il exagère.

— Ce n'est pas vrai, la reprend-il. Quand ils ont tort, ils ont tort, mais ce n'est pas une raison pour qu'ils disparaissent.

— Mais, reprend le médecin, pendant ces quatre années terribles, est-ce que vous avez eu quand même de bons moments, enfin de moins mauvais?

— Pas beaucoup de bons. Auschwitz. Un dimanche matin à l'aube, avant l'aube même, je me réveille. A cent cinquante mètres de notre baraquement, à un endroit où les S.S. avaient fait la fête pendant la nuit, j'aperçois un feu qui fume encore. Quelques braises. Personne. Le silence. Tout à l'air de dormir. J'y vais en rampant. Il fait froid. Très froid. Tant pis. J'y vais. J'arrive. J'aperçois près des braises presque éteintes des petits gâteaux tout noirs, calcinés, que les S.S. avaient laissés. J'en prends vite six ou sept. Je les mets sous ma chemise. Je reviens. Eh bien, monsieur le Docteur, grâce à ces gâteaux brûlés entre ma chemise et ma peau j'ai eu chaud toute la journée. Oui, ça a été une bonne journée...

— D'autres ont dû être terribles.

— A Neuengamme. On m'a désigné pour faire partie d'un commando de travail forcé. J'étais costaud à l'époque. J'étais jeune. C'est grâce à ça aussi que j'ai pu tenir. Il fallait construire des étais pour soutenir des galeries souterraines de mines de charbon. J'allais leur montrer comment des Polonais, mineurs depuis des générations, s'y entendaient pour faire tenir des galeries, pour construire des supports solides.

« Malheureusement, notre groupe de travail était dirigé par un « droit commun » (vous savez que dans les camps de concentration, les grands chefs c'étaient les S.S. qui prenaient pour petits chefs des prisonniers de droit commun), et notre droit commun était un assassin déjà condamné à plusieurs reprises. Il lui fallait au moins son mort par semaine, parfois même son mort par jour. Un malade. Un fou sanguinaire.

« Un jour, un de mes étais glisse sur le mur de soutènement. Je commence à le replacer. Il arrive sur moi : « Remets-le plus vite. » Et il me fait un croche-pied. Je tombe. « Maladroit, incapable. » Un coup de poing dans la mâchoire. Je tombe. Ma bouche saigne. « Sale Polonais. » Un coup de poing. « Sale juif. » Plusieurs coups de poing. Je tombe. J'hésite à me relever. « Relève-toi. J'aurai ta peau. » Une pluie de coups. Je n'entends plus rien. Soudain, dans ma tête un grand bruit. La sirène de cinq heures. La sirène d'arrêt du travail. « Ça ne fait rien, dit-il. Tu ne perds « rien pour attendre. J'aurai ta peau demain. Elle ne « vaut plus que vingt-quatre heures. »

« Les prisonniers doivent sortir en rang de leur souterrain pour regagner leur tanière de nuit. Des copains me voient mal en point. Ils m'aident à me relever, me soutiennent : « Surtout, marche droit et « tête haute devant les S.S. Ils n'aiment pas les « estropiés, les boiteux, les mal-en-point. » Je ferme la bouche pour que le sang ne coule pas, je l'avale, goût horrible et amer. Je vais chercher tout ce qui me reste de force pour marcher droit en passant devant le commandant S.S. du camp, comme tous les soirs, en tournant la tête « droite » en signe de soumission... Et, au moment où je passe devant eux, un officier lève sa cravache en rugissant, se dirige vers nous et décoiffe brutalement, en faisant tomber le béret qu'il avait

gardé sur la tête, notre chef de groupe, mon assassin :
« Qu'est-ce que c'est que cette absence de respect? Tu
« es renvoyé. Tu ne dirigeras plus rien. Tu rentres
« dans le rang. »

« Comment vous appelez ça? La Veine, la Providence, le Destin? Il était tellement furieux contre moi
qu'il en avait oublié comment se conduire devant les
S.S. Voilà comment mon dernier jour n'est pas arrivé
en 1943... »

Et tout en racontant cette histoire, subrepticement,
M. Piosik sort d'une boîte une pastille qu'il avale en
vitesse.

« Qu'est-ce que c'est?

– C'est un peu de trinitrine. J'ai le cœur un peu
malade. Alors, quand je raconte ces histoires ou que je
pense à ce temps-là, il bat un peu plus vite, et je le
calme. »

Silence. Il reprend :

« Moi, j'ai eu de la veine. J'en suis sorti. Je ne
retournerai plus jamais en Pologne ni en Allemagne.
Même pour voir les camps. J'ai peur qu'ils soient
restés antisémites.

– Et qu'est-ce que vous pensez du monde, maintenant? »

Sa femme interrompt :

« Demandez-lui plutôt ce qu'il pense d'Israël.

– N'exagère pas, répond-il. Il n'y a pas que ça. Je
vais vous dire, monsieur le Docteur. Il n'y a que
l'internationalisme. Les nationalismes, c'est faux, c'est
dépassé, c'est toujours la guerre. C'était mon rêve
quand j'étais jeune : « Quand je serai vieux, mes
« enfants vivront dans un monde sans frontières. »

Et il lève les mains en même temps que les yeux vers
le plafond en signe de dépit.

« Il y a longtemps que vous vivez en France?

– 1945. J'ai travaillé. Dans une usine. Maintenant,
je suis à la retraite. On a un petit pavillon à la
campagne.

– Vous aimez ?

– Beaucoup. Ce que j'aime le plus : la pêche. C'est calme. Le bruit de l'eau, le vent dans les feuilles. La paix. Monsieur le Docteur, voilà comment je vois la paix dans le monde : comme un pêcheur au bord de l'eau.

– Et vous êtes bon pêcheur ?

– Très, monsieur le Docteur ! »

Et il se redresse crânement :

« S'il y a un seul poisson dans la rivière, il est pour moi.

– Quand y allez-vous ?

– Le matin, tôt, très tôt. Cinq-six heures. C'est la meilleure heure. De toute manière, il faut que je rentre à temps pour préparer le petit déjeuner de ma femme. Elle est si fatiguée. Dites, vous la guérirez, monsieur le Docteur ? C'est une brave femme vous savez. Elle est courageuse... »

Des mois ont passé. Quelques années. Mme Piosik vit toujours, un peu plus mal, un peu plus fatiguée. Lui retrouve le sourire dès que sa femme va mieux.

Généreux Piosik. Qui n'a jamais été à la poursuite des honneurs. Qui aura traversé toute sa vie dans un wagon de 3e classe. Qui n'a reçu aucune décoration. Qui ne porte pas son passé à la boutonnière de son veston. Qui le porte dans son cœur. Qui n'en veut à personne. Dont le principal problème est devenu la maladie de sa femme. Qui se promène dans la vie sans que ceux qui le côtoient se doutent qu'ils sont en présence d'un des vrais héros de ce temps : auto-didacte qui comprend tout, ayant vécu tous les malheurs et les ayant surmontés sans jamais avoir de mépris pour les petites misères des autres, battu, humilié, insulté, et qui n'a jamais baissé la tête. Personne ne sait dans son village qu'il a été déporté. Il le garde pour lui. Il n'en fait pas usage. Il ne déteste même pas les Allemands :

« C'étaient des pauvres types avec un mauvais gouvernement. »

Les mois passent. Le téléphone sert à donner des nouvelles de sa femme, les résultats des examens du sang, son état de fatigue, son état moral. Un jour, au cours d'une consultation à l'hôpital où il a fini par accepter de se rendre avec elle :

« Monsieur le Docteur, j'ai lu ce que vous avez écrit... Après ça, vous ne devez pas avoir que des amis... Je suis d'accord avec vous sur presque tout. Sauf que vous avez écrit une grosse bêtise, si je peux me permettre.

– Quelle bêtise ?

– A un moment, vous parlez de la mort et vous dites que vous êtes contre. Tout ça, c'est normal. Et qu'il ne faut pas la saluer, pas plus qu'on ne salue une borne-frontière ou qu'on ne respecte un grillage au fond d'un jardin... Eh bien, moi, monsieur le Docteur, il y a bien des jours où, au fond du malheur, au bout du camp de concentration, les grillages électrifiés, j'ai eu envie d'aller les embrasser... »

Et pan sur la plume de celui qui écrit des choses sans les avoir vécues. Qu'il lui soit donc un peu pardonné si ce livre est parsemé d'histoires vraies, ou plus exactement d'histoires vécues. C'est la même chose. La vérité, c'est la vie. Ce qui est raconté ici a été vécu à quelques détails près. Vécu deux fois. Une deuxième fois dans la tête et dans le cœur du narrateur qui essaie de se comporter en récitant d'une existence tourmentée. Qui est monté dans l'esquif qui s'efforçait de franchir des torrents dangereux, des paysages escarpés, mais qui a toujours eu la chance de descendre avant les malheureux. Qui sait maintenant que le plus difficile pour un individu est d'être conforme à soi-même, et que le monde est malheureusement peuplé de projets sans exécution, de serments non tenus. Que les êtres d'airain ne sont pas ceux dont on voit le plus aisément briller l'armure. Que les donneurs de leçons devraient toujours s'en donner d'abord à eux-mêmes. Que l'amour véritable a toujours raison quand il a décidé d'être vécu, et que cet amour est toujours respect de l'autre. Qu'il n'y a pas de mensonge qui ne soit nuisible même s'il paraît utile. Que les gens au pouvoir sont le plus souvent des misérables qui essaient de justifier une existence perdue sous le couvert de la gloire. Que les poètes sont les amoureux véritables de cette terre parce qu'ils rêvent la vérité du monde, et les philosophes les seuls penseurs véritables parce qu'ils cherchent la vérité du monde. Et qu'ils sont bien les uns et les autres orgueilleux et modestes à la fois puisqu'ils ne trouvent pas. Mais la route vaut d'être prise. Les seuls êtres vrais jamais rencontrés sont ceux qui ne font pas appel aux autres, à l'Etat, aux parents, aux enfants, qui ne demandent de comptes qu'à eux-mêmes et qui finissent d'ailleurs par savoir que cette dette ne viendra jamais à échéance.

M. Piosik, un seigneur. Valeur séculaire des mots. Les changements politiques, les bouleversements sociaux n'y font rien. La disparition de la noblesse n'empêche pas le qualificatif « noble » de demeurer une reconnaissance de la valeur morale d'un individu. Un « seigneur », dit-on parfois avec respect dans les salles d'hôpitaux d'un grand patron, créateur d'école en raison de sa stature professionnelle. Les plus démocrates des écrivains reconnaissent entre eux le « prince des poètes » ou le « pape » de leur mouvement. Et les spectateurs sportifs les plus républicains, pour lesquels la monarchie est depuis longtemps dépassée, acclament avec délices et admiration celui qu'ils considèrent comme le « roi » des footballeurs. Ces termes superlatifs de reconnaissance, de respect, d'estime ou d'admiration ne se sont pas altérés au cours des années : ils font partie du domaine de notre vocabulaire quotidien. Ce n'était donc pas le titre qu'on voulait abolir au cours des révolutions? C'était un titre immérité, donc usurpé. Le mérite, et c'est peut-être ce que ne comprendront jamais les gouvernements, les chefs d'armée, les colonisateurs, doublement coupables puisqu'ils asservissent et qu'ils croient le mériter, est l'adéquation de la personne au titre porté, la reconnaissance de la qualité de l'individu : une marche de son existence et non un trépied de naissance, l'effort d'une vie et non la facilité de sa famille ou de son milieu. Il existe une opposition entre la dépréciation d'un titre, sa dévalorisation et le maintien de sa signification : les mots conservent toujours leur valeur dans la tête des gens.

GUÉRISON ET SURVIE

Le cancer n'est pas une maladie comme une autre, contrairement à ce qu'on entend dire souvent. Mais il le deviendra. La tuberculose est une maladie comme une autre aujourd'hui, elle ne l'était pas il y a un siècle. Le cancer aujourd'hui n'est pas toujours guérissable, il l'est souvent, il l'est de plus en plus. Et ceux qui ne guérissent pas peuvent vivre avec de moins en moins de souffrances. Certaines leucémies de l'enfant, mortelles il y a vingt ans, guérissent dans les bons cas trois fois sur cinq. La maladie de Hodgkin, presque toujours fatale en 1960, peut être guérie vingt ans plus tard dans 80 p. 100 des cas. Des cancers du col de l'utérus, certains cancers de la gorge diagnostiqués précocement guérissent dans 100 p. 100 des cas. Il demeure que pour l'ensemble des cancers, ou comme disent les spécialistes, tous cancers confondus, on en guérit 45 p. 100. La barre des 50 p. 100 n'est pas encore franchie. Si elle l'était, on atteindrait l'autre versant de la colline...

Les progrès paraissent lents. Trop lents. Et cependant la découverte il y a quelques années des antigènes du cancer, des oncogènes, prouvent que tous les êtres vivants, les êtres humains comme les autres, sont porteurs dans leur patrimoine génétique d'un certain nombre de cellules marquées par le gène du cancer et peuvent ainsi au cours de leur existence présenter cette maladie. Nous sommes tous porteurs de ces gènes. Nous sommes tous marqués. Et un sur quatre d'entre nous sera touché par la maladie au cours de sa vie. Ce ne sont pas n'importe quelles cellules qui deviennent cancéreuses, mais des cellules particulières, prédestinées, dont les siècles ont entraîné la déviation. Ce progrès considérable dans la compréhension du phénomène de la cancérisation aboutira-t-il prochainement à un progrès dans le dépistage du cancer? Arrivera-t-on à détecter dans l'organisme la présence de ces cellules au moment où elles commencent à proliférer en colonie maligne grâce aux produits qu'elles fabriquent, et qu'on pourrait doser dans le sang? Nul ne peut encore le dire, mais cela représenterait évidemment une avancée de la plus grande importance. A la manière d'alpinistes s'efforçant de gravir une paroi difficile, les cancérologues donnent souvent l'impression à distance de faire peu ou pas de progrès, même du sur-place, et ils viennent peut-être de franchir les quelques mètres les plus difficiles avant l'ascension vers le sommet plus lointain.

Certains cancers guérissent, d'autres pas. Certains cancers peuvent être très améliorés par le traitement, d'autres moins. Le mot « certains » doit toujours être associé au nom d'une affection. Le mot « toujours » ou le mot « jamais » ne peuvent pas plus définir une évolution que le mot « même » ne peut définir un malade. Un être humain n'étant jamais identique à un autre, il n'est jamais le même, et serait-il atteint d'une affection identique, elle n'est pas exactement semblable à celle d'une autre personne. Raison pour laquelle le même traitement peut donner des résultats différents. Raison pour laquelle aussi une maladie similaire ne se manifeste pas toujours de la même manière.

Pas de véritable « même » en médecine. Mais c'est également pour cela qu'on doit offrir aux malades atteints de la même maladie le même traitement pour risquer de n'en défavoriser aucun, à l'aide de protocoles thérapeutiques établis en fonction de données aussi scientifiques que possible, éloignées des aléas de l'appréciation subjective du médecin, quitte à les moduler en cours de route en fonction du comportement et des réactions du patient.

Le paradoxe verbal est que le mot « cancer », pour essayer de dédramatiser la maladie qu'il traduit, exige souvent pour certains la nécessité de l'exclure de la conversation avec la personne qui en est atteinte, et impose par ailleurs son utilisation au figuré pour traduire la gravité de certaines situations. Le recours au mot cancer comme métaphore est plus fréquent que son utilisation strictement médicale. Les personnes cherchant du travail sans arriver à en trouver sont victimes du cancer du chômage, les animaux blessés et asphyxiés par la pollution du mazout sont victimes du cancer de la marée noire, les habitants d'un pays qui voient augmenter chaque année le prix des biens de consommation sont victimes du cancer de l'inflation. Mais un homme qui présente des hémorragies digestives liées à un cancer du côlon a un polype de l'intestin; la femme dont la vie peut être mise en cause par un cancer de l'utérus a un fibrome qu'il faut enlever d'urgence, et un malade atteint de leucémie aiguë peut n'avoir qu'une infection de la moelle osseuse due à un virus. Le développement malin d'une société de cellules risquant de menacer la vie d'un individu voit son véritable nom souvent caché, alors que le comportement néfaste d'une société humaine se voit attribuer, par métaphore, le nom d'une catastrophe biologique.

On en guérit de plus en plus souvent, on en guérit mieux aussi. Finie, l'obligation dans tous les cas pour une femme atteinte d'un cancer du sein de subir une amputation, faisant d'elle une infirme. On peut aujourd'hui très souvent, grâce à une radiothérapie associée à la chirurgie, parvenir à conserver le sein malade. Serait-on obligé de le retirer qu'on pourrait encore, grâce aux progrès de la chirurgie plastique, en reconstruire un autre un peu plus tard, faisant ainsi retrouver à la patiente, avec le galbe de sa poitrine et sa féminité, le fil des jours qu'elle croyait perdus. Finie l'obligation dans tous les cas, pour guérir une tumeur osseuse d'amputer la jambe, maintenant que le traitement médical (chimiothérapie) permet au chirurgien orthopédiste de reconstruire un genou, et d'offrir au malade la poursuite de son existence, en marchant comme auparavant. Finie, l'obligation dans tous les cas pour un homme victime d'un cancer de la vessie de subir une amputation et de porter jusqu'à sa mort deux poches au niveau de l'abdomen, intervention tellement redoutée qu'elle est toujours effectuée trop tard, au détriment de la vie du malade. Une vessie peut aujourd'hui être confectionnée à l'aide de muqueuse intestinale, et le malade peut retourner vivre parmi ceux qui demeurent ses semblables.

Certaines de ces opérations sont longues, très longues, huit, dix, douze heures. Un éminent chirurgien à qui on en faisait la remarque répondit joliment un jour : « Oui, c'est long, c'est très long, c'est trop long. Mais dans notre métier, trop long, ça s'appelle la patience. »

Pour les malades qu'on n'arrive pas à guérir (55 p. 100), ils peuvent vivre plus longtemps, ils peuvent vivre mieux. Annoncer à un malade qu'il a un cancer, même difficilement guérissable, ne doit pas s'accompagner de laisser-aller, laisser-aller la maladie, mais au contraire de lutte, contre cette maladie, pour la vie, contre l'évolution, pour demain : on oublie trop souvent que, même pour les malades qu'on n'arrive pas encore à guérir, l'existence peut être modifiée, améliorée, prolongée. Cela vaut toujours la peine de se battre. Combien de malades guéris auraient été condamnés il y a vingt ans? Combien de malades qui continuent à vivre seraient déjà morts il y a dix ans? Seulement, voilà! Comme ceux qui savent qu'ils ont un cancer vivent dans un monde où ils sont presque les seuls à le savoir, ils n'ont pas beaucoup de chances de rencontrer dans la vie des gens atteints de la même affection, guéris ou en rémission, et qui leur conservent l'espoir en banalisant cette affection. 180 000 nouveaux cancers par an en France. 80 000 qui en guérissent. Près d'un million de malades guéris. De les rencontrer, de les côtoyer dans la vie quotidienne rassurerait les malades mieux que n'importe quelle campagne de propagande. Même s'il demeure intact, le danger partagé peut en alléger le poids. De se savoir un peu semblable à beaucoup d'autres, et de marcher à leurs côtés, permet de briser le cercle de la solitude qui accompagne et accentue toujours le malheur.

SUZANNE

L'ARRIVÉE de Suzanne à la consultation est exemplaire. Accompagnée dè son mari :
« Il peut rentrer?
– Si vous le souhaitez.
– Bien entendu. »

Avec un sourire qui éclaire un visage presque complètement roux : roux foncé les cheveux qui recouvrent les épaules, rousses les petites taches qui parsèment son visage, avec des yeux comme des lacs vert d'eau ouverts sur le monde depuis vingt-huit ans. Le dossier qu'elle apporte est lu attentivement devant elle et son mari, avec une question de temps à autre :
« Vous avez commencé à avoir mal au ventre il y a un an?
– A peu près.
– Vous avez consulté vite?
– Assez.
– On vous a opérée il y a un mois.
– C'est ça : d'un cancer de l'ovaire. Opération importante. Tous les organes. Je ne suis plus tout à fait une femme. Je ne peux plus avoir d'enfant...
– Vous savez que l'atteinte était sérieuse, je veux dire étendue, que la tumeur débordait un peu sur le péritoine, que votre chirurgien vous a très bien opérée,

qu'il a bien « nettoyé », et qu'il faut faire maintenant un traitement complémentaire. Un traitement médical.

– Je sais. C'est pour ça que je suis là. Je n'ai pas du tout l'intention de mourir. Je veux mettre toutes les chances de mon côté. »

Il va donc falloir expliquer que ce traitement comporte l'administration régulière de médicaments, tous les mois, pendant cinq à six jours.

« Des injections?

– Oui, par voie veineuse.

– Bon.

– Mais je dois vous avertir de certains inconvénients : fatigue possible d'abord.

– Au point de garder le lit?

– Non. Impossibilité de travailler.

– Pas très grave, je suis arrêtée pour six mois.

– Quelques troubles digestifs.

– Bon.

– Et puis surtout, un inconvénient esthétique grave mais transitoire, vous allez perdre vos cheveux.

– Ils vont tomber?

– Oui.

– Pas question.

– Mais ils repousseront dans huit à neuf mois, dès l'arrêt du traitement.

– Pas question.

– Vous prenez des risques en ne vous faisant pas traiter.

– J'ai déjà dit, docteur – et elle le dit d'une voix ferme et tout à fait assurée –, je ne veux pas.

– Je vous répète que vous prenez des risques avec votre vie.

– Tant pis.

– On ne peut pas prendre une décision à la légère aussi rapidement. Réfléchissez jusqu'à demain.

– D'abord, je ne vous permets pas de dire que ma

décision est prise à la légère. Ensuite, je ne reviendrai pas dessus.

– Acceptez-vous que nous nous revoyions demain matin?

– Si vous voulez, mais vous ne me ferez pas reprendre l'entretien où vous le laissez. Je ne changerai pas d'avis. »

Ils se lèvent tous les deux, la femme et le mari. La couleur ensoleillée des cheveux est renforcée par sa robe noire. Lui, demeuré silencieux tout au long de l'entretien, accompagne son « au revoir » de « C'est elle qui décide, seule ».

Le lendemain matin, elle revient, seule.

« Alors?

– Alors quoi?

– Vos cheveux?

– Je les garde, naturellement...

– Est-ce que vous savez à quoi vous vous exposez?

– Oui. Mon cancer était étendu, il dépassait les limites de l'ovaire où il avait pris naissance, il faut donc envisager d'abattre les cellules rebelles qui ont pu échapper à l'opération avec un traitement médical qu'on appelle chimiothérapie : traitement complémentaire de l'intervention chirurgicale qu'on appelle un traitement adjuvant...

– Vous savez très bien de quoi vous parlez.

– Oui, je me suis renseignée...

– Et vous l'énoncez en termes très précis.

– Puisque vous le dites...

– Si ce n'est pas indiscret, et même si ça l'est, quelle profession?

– Professeur de lettres.

– Vous ne voulez pas vous soigner?

– Si.

– Alors? Est-ce qu'au moins vous pouvez essayer de m'expliquer?

– Puisque nous en sommes là, si vous voulez. Je suis d'Afrique du Nord. Je suis le fils aîné, je veux dire j'aurais dû être le fils aîné. Le premier des enfants se doit d'être un garçon. C'est déjà une sorte de malédiction d'être une fille. Pire encore si vous avez pris la place du premier garçon. Aussi, toute mon enfance, on m'a coupé les cheveux, presque rasée, pour supprimer, par l'apparence, ce que j'étais. J'ai commencé à naître à dix-sept ans; cette fois on m'a laissée. Alors, vous comprenez, mourir une deuxième fois, ce n'est pas possible. Je ne dis pas que c'est intelligent. Je ne prétends pas que c'est malin. Je ne jure pas que c'est un bon choix, mais je suis incapable d'en faire un autre. Je ne peux pas, comme on dit, assumer un autre destin. Je ne veux pas retourner à cette enfance maudite.

– Bon. Alors, qu'est-ce qu'on fait? Vous ne voulez pas vous soigner?

– Si.

– Mais comment?

– Eh bien, je ne sais pas moi. Trouvez!

– Trouver quoi?

– Trouvez un truc, trouvez des produits, inventez un mélange qui ne me fera pas tomber les cheveux.

– On peut essayer. Mais ça va risquer d'être beaucoup plus fatigant...

– Tant pis.

– Ce sera moins sûr.

– Tant pis, je prends le risque. Est-ce que vous savez ce que cela veut dire de ne pas vivre pendant près de vingt ans, pendant la moitié de sa vie? Est-ce que vous savez ce que ça veut dire d'avoir honte de soi, de compter sur terre comme une pièce en surplus, d'être un individu au rabais, d'être à peine une personne pour soi-même et pas du tout pour les autres? Est-ce que vous savez ce que cela peut représenter pour une petite fille qui regarde son enfance comme si elle l'avait vécue dans un cabinet noir? Voulez-vous que de nouveau je retourne au cabinet noir? C'est déjà assez grave d'avoir des problèmes sexuels que ne manque pas de me poser ma castration – appelons les choses par leur nom –, n'y ajoutez pas l'émasculation du visage. La mort n'est pas pire... d'ailleurs, je sais bien que je ne mourrai pas. »

Une thérapeutique appropriée à cette situation particulière est alors mise au point. Une association de produits non alopéciants est administrée à la malade, par voie veineuse six jours de suite. Moins active que l'autre, mais donnée à plus forte dose.

Pendant tout le traitement, elle témoigne de la même confiance : « Ne vous en faites pas, docteur, ça ira. » Elle revient régulièrement d'Afrique du Nord toutes les cinq semaines passer six jours à Paris. Chaque fois, le médecin inquiet guette les signes de reprise de la maladie qui heureusement ne réapparaît pas.

Après trois mois au cours desquels à chaque fois le médecin s'enquiert de son état, et, toujours un peu préoccupé, l'examine à la recherche du moindre symptôme d'aggravation, il reçoit un jour un coup de téléphone, en pleine consultation :

« Allô. C'est Suzanne. Je voudrais vous voir.

– Demain.

– Impossible, je repars ce soir.

– Mais j'ai une consultation très chargée. Je n'ai pas une minute.

– Justement, je voudrais seulement une minute.

– C'est grave?

– Non. Donnez-moi une minute, offrez-moi une minute!

– Qu'est-ce qu'on peut faire en une minute?

– Plein de choses! Allez, docteur, une minute. Elle est presque perdue au téléphone.

– Venez alors quand vous voudrez. Mais pas longtemps.

– Je vous promets. Une minute, pas plus. »

Une heure plus tard elle arrive. Entre deux malades. Elle entre, ferme la porte du cabinet de consultation derrière elle.

« Docteur, voilà. Je vous ai vu préoccupé à plusieurs reprises depuis qu'on a commencé. Alors je suis simplement venue vous dire : « Monsieur, je ne vou-
« drais pas que vous vous considériez comme respon-
« sable de ma vie. » Au revoir, docteur. »

Même pas une minute. Un instant de rêverie. On finit par oublier : les gens sont responsables. Les malades aussi. Se prendre en charge soi-même. Ne laisser personne d'autre le faire. La liberté. La responsabilité. Vieux mots lourds de sens, auxquels Suzanne vient de redonner vie. Ils peuvent resservir même s'ils ont déjà beaucoup servi, pas besoin d'en créer de nouveaux. Se reconnaître responsable. C'est un homme libre, il est « authentique ». On peut faire confiance à cet individu, il est « fiable ». Elle n'a pas dit « J'assume », elle a dit « Je suis responsable ». Elle utilise les vrais mots, les vieux mots. On ne dit pas après une représentation au théâtre qu'un acteur joue bien, on ne dit pas qu'il est très bon, voire admirable, on dit qu'il est « assez » extraordinaire. Brave Suzanne. Gentille Suzanne. Courageuse Suzanne. Qui est toujours en vie, guérie, six ans plus tard. Et qui, lorsqu'elle vient en consultation, fait voleter ses cheveux dans tous les sens jusqu'à s'en revêtir le visage.

« Vous voyez bien que j'ai eu raison de les garder. J'ai joué et j'ai gagné. Tout de même, j'ai perdu mon mari. Mais on est restés copains. Je suis heureuse, je vis. »

MÉDECIN-MÉDIATEUR

Les rapports qu'entretient le médecin avec celui qu'on a coutume d'appeler « son » malade, possessif lié en réalité au choix fait par le malade lui-même (c'est toujours le malade qui choisit son médecin), sont suffisamment complexes pour avoir donné lieu à des appréciations variées, à de nombreuses publications. En dehors de services techniques, de méthodes d'examens perfectionnées, de la prescription de médicaments, de la confection d'ordonnances, de l'intervention sur un corps, la pratique de la médecine comporte aussi la part d'impondérable, d'imprévisible de toute relation humaine. La confiance accordée dépasse parfois l'activité professionnelle proprement dite. Et le malade ne donne pas seulement à voir les tourments de son corps qu'il dénude, mais aussi parfois les tracas de sa vie qu'il dévoile. Confesseur malgré lui, le médecin devient pour le malade le réceptacle de la difficulté d'être. Cette simple écoute peut déjà être une aide.

Un malade traité à domicile prend des calmants en cas de douleur et reçoit le soir une injection intramusculaire destinée à lui faire passer une nuit calme. Le médecin passe le voir de temps à autre et, lorsque l'heure de la visite coïncide avec celle de la piqûre, il l'effectue lui-même pour éviter à l'infirmière de se déplacer.

La femme du malade, presque solennelle, dit un soir au médecin :

« Mon mari voudrait vous parler. »

Le malade dans son lit, soixante-cinq ans, dont la vivacité intellectuelle demeure intacte, demande :

« Dites-moi, docteur, lorsque c'est vous qui me faites la piqûre, vous n'utilisez pas le même produit que l'infirmière?

— Si. Pourquoi?

— Le même produit?

— Bien sûr, puisque je le prends dans la même boîte.

— Alors, c'est bien ça qui me gêne, reprend le malade. Vous comprenez, je suis rationaliste. Toute ma vie, j'ai refusé les explications qui ne tenaient pas compte de la raison, de la logique. Mon père, ma femme, ma fille sommes sur ce point irréductibles. Eh bien, lorsque c'est l'infirmière qui fait la piqûre, elle fait effet pendant 3 à 4 heures; quand c'est vous, je suis calmé pendant au moins 8 heures. C'est déjà arrivé trois fois. C'est pour cela que je vous en parle aujourd'hui. Comment l'expliquez-vous? Votre présence? Je n'y crois pas. Cela me gêne.

— Ma visite, dit le médecin, joue peut-être le rôle de « placebo » supplémentaire, aidant votre organisme à sécréter lui-même de quoi calmer plus longtemps vos douleurs. »

Le trouble avait cependant pénétré l'esprit du malade. Sa façon de penser allait-elle en être modifiée? Pourtant, ce qui n'est pas explicable par la raison aujourd'hui peut le devenir demain. Ainsi les morphines naturelles, les endorphines, sécrétées par l'organisme lui-même. Mieux vaut reconnaître l'inconnu comme tel que de fournir une explication assurée mais non éprouvée, et qui a toutes les chances d'être fausse.

Le médecin comme médiateur entre le malade et sa maladie. Le journaliste comme médiateur entre l'événement et le lecteur. L'homme de radio ou de télévision entre l'information et l'auditeur ou le téléspectateur... Que la maladie soit sérieuse, l'événement grave ou l'information douloureuse ne donne pas forcément tort à ceux qui les transmettent et qu'on a coutume d'appeler les médias.

Que les gens n'aiment pas les oiseaux de mauvais augure parce qu'ils préfèrent avec raison la bonne santé, le bonheur et la paix, à la maladie, au malheur et à la guerre, ne doit pas faire considérer les intercesseurs de la réalité comme responsables ou même coupables. Il arrive pourtant qu'on décide de changer de journal, de chaîne de télévision ou de médecin...

Il existe évidemment une différence entre ceux qui décrivent, qui commentent ou qui soignent, et ceux qui sont jetés dans cette réalité. L'appréciation ne peut jamais être objective, même si elle cherche à l'être autant que possible.

Aussi relative que l'appréciation des distances à partir d'une planète mobile est celle des événements à partir d'un regard incarné. Il y faut toujours apporter un degré de correction qui dépend de l'honnêteté, de l'intégrité du calculateur, du journaliste ou du médecin.

MÉDECINE-INDIVIDU

Dans un monde de plus en plus collectivisé, le médecin continue à exercer un métier qui privilégie l'individu, séparé de son contexte familial, social, professionnel, dans ce qu'il a d'unique et qui doit être reconnu comme tel.

Il arrive que ce qu'on appelle les barrières sociales ne soient pas si faciles à franchir, malgré l'aide apportée par la médecine.

Dans une banlieue ouvrière pauvre, où les H.L.M., n'ont pas encore fait leur apparition, au fond d'un chemin de terre, une petite maison. On n'ose parler de pavillon : deux pièces en enfilade à ras du sol. Dans la première pièce, la cuisine et une cage dans laquelle un perroquet joue le rôle d'huissier annonceur : « Bonjour! » Dans la deuxième pièce, une table qui en fait une salle à manger; et, dans l'encoignure, au fond, un grand lit dans lequel repose le malade âgé d'une cinquantaine d'années, pâle, anémique, ayant besoin de transfusions de sang que le médecin qui vient d'arriver va effectuer. Après la préparation technique habituelle, la transfusion est posée, le flacon suspendu; et le sang s'écoule goutte à goutte dans la circulation du patient pendant que sa femme s'occupe à la cuisine. Conversation : sur son état de santé, son alimentation, sa fatigue, son sommeil. Puis simple bavardage. Le patient fatigué ferme les paupières.

Sa femme vient de temps à autre aux nouvelles. Le médecin n'a rien à faire qu'à attendre la fin de la transfusion. Il demande :

« Est-ce que vous n'auriez pas un journal?

– Non.

– Tant pis. »

Le malade, qui a entendu, fait signe des yeux à sa femme. Et sa femme, à la voix douce :

« Tu crois? »

Le malade acquiesce silencieusement. Elle part dans l'autre pièce et revient avec un journal : *L'Humanité*.

« Merci. »

Le médecin commence à lire, et le malade, heureux, dit à sa femme :

« Tu vois, pourquoi avais-tu peur?

– C'est que ce journal-là, c'est le journal des ouvriers.

– Et alors, vous croyez que les médecins ne peuvent pas le lire? Il contient des informations intéressantes.

– Tu vois », reprend avec plus d'aplomb encore le malade qui s'assoit presque dans son lit.

Une autre conversation commence, sur les difficultés du temps, l'augmentation des prix, la chance qu'a eue leur fille de trouver du travail, l'espoir qu'il pourra, lui, retravailler bientôt.

Personnes simples, comme on dit. Ouvriers. Communistes. On ne comprend rien aux communistes, tout au moins à la majorité d'entre eux, si on ne les imagine pas sincères. Ils sont sincères jusqu'au fond d'eux-mêmes, ce qu'ignorent leurs adversaires. Ce devrait être pourtant la première loi en politique : toujours parier sur la sincérité de l'autre.

SECRET PROFESSIONNEL

« ALLÔ, docteur X?

— Oui.

— Ici le professeur Y. Puis-je vous demander d'avoir la gentillesse de me donner des nouvelles de Mlle Patricia Carrier?

— Vous êtes son médecin?

— Non. Mais je suis très lié avec Mme de Glaine qui est son amie et qui est très inquiète. Elle souhaiterait savoir...

— Très bien. Je demanderai demain à Mlle Carrier lorsque je la verrai si elle souhaite qu'on mette Mme de Glaine au courant.

— Mais, vous pourriez bien me dire. Je suis médecin.

— Oui, mais vous n'êtes pas son médecin.

— Excusez-moi. »

Patricia refusera qu'on tienne son amie au courant de son état de santé. Le professeur Y ne rappellera plus. C'est sa maladie à elle. Pas celle des autres. Comme elle sait, elle peut décider seule, qui peut savoir, qui ne doit pas savoir.

Le patient est le seul à qui la vérité soit due. Pour tous les autres, le silence. Secret souvent percé, galvaudé, trahi. Le malade, le seul à devoir savoir ce qui se passe dans son corps. Et à décider, s'il souhaite, ou non, que d'autres, même ceux qu'il aime, soient avertis.

La coutume répandue du mensonge vis-à-vis de certains malades gravement atteints entraîne précisément la violation de ce secret, qu'on cache au malade pour le livrer (le mot n'est pas trop fort) à d'autres, parfois très proches de lui mais qu'il n'a pas choisis : membres de sa famille, membres de son organisation, selon le contexte social. Le secret de son corps, de son destin, qu'on décide pour de nobles motifs de lui voler, d'autres vont le connaître, qui vont composer leur attitude en sa présence, tirant les fils de son existence quotidienne, proches hier, métamorphosés en espions aujourd'hui.

Les enfants d'une malade, ou la femme d'un malade viennent parfois à l'hôpital demander un avis. Sans que leur mère le sache, sans que son mari le sache. Parce qu'elle ne sait pas, parce qu'il ignore, parce qu'ils n'ont pas été mis au courant de la gravité de leur état. Il faut cependant décider : bien que le pronostic soit très mauvais, faut-il essayer quand même de traiter ?

« Est-ce qu'avec ce traitement on pourra le guérir ?

— Pas sûr. Peut-être pourra-t-on prolonger sa vie.

— Alors, est-ce que ça vaut la peine ?

— Un médecin pense que ça vaut toujours la peine d'essayer.

— Mais si ça doit entraîner trop de fatigue ?

— Et si sa vie doit durer quelques mois de plus...

— Est-ce que ça vaut vraiment la peine ?... »

Qui doit répondre tout de même, en fin de compte ?

Le médecin? Les enfants? La femme? L'organisation?
Ou le malade lui-même? A qui on ne demande rien.
Pour qui on va choisir, même avec toute l'affection, et
tout l'amour du monde, du risque à vivre et à mourir.
On décide en son nom de sa place sur terre.

Il y a quelques années, un chirurgien des hôpitaux
aussi adroit de ses mains qu'élégant dans la vie,
capable d'effectuer les interventions les plus délicates
comme une transplantation de foie avec le sourire,
malgré l'absence de cigarettes dont il abuse depuis
vingt ans au point d'acheter une cartouche de dix
paquets tous les trois jours, est victime d'un cancer du
poumon. Avec atteinte disséminée. Il le sait. Il connaît
les chances de guérison. Nulles. Il décide de garder le
secret car il souhaite préparer sa succession dans le
service dont il est le patron, pour son jeune assistant,
brillant et presque son égal. Il faut être précis.
« Secret. Ça veut dire : pas à Un tel?
– Non.
– Ni à Un tel?
– Non plus.
– Ni à...
– Non. »
Cependant, il décide d'avertir discrètement un des
grands chirurgiens parisiens, admirable technicien,
entre les mains duquel repose aussi la destinée de bien
des jeunes opérateurs de la capitale; il décide d'avertir
aussi le ministre de la Santé et celui des Universités.
Informés qu'il est très malade, ils décident tous deux
de lui éviter un déplacement et de se rendre à son domi-
cile pour écouter ses désirs qui risquent d'être ses dernières volontés.

Deux semaines plus tard, le chirurgien émérite, lors
d'un Congrès médical, explique en public les raisons

de l'absence de son collègue atteint d'un cancer du poumon étendu, et que sa place sera bientôt libérée.

Les deux ministres auront, eux, conservé le secret jusqu'à sa mort, meilleurs dépositaires du secret professionnel que celui dont c'était le devoir...

La profession du médecin, quels que soient ses études, ses travaux, sa science même, l'amène toujours à avoir en face de lui un individu. Qui a droit non seulement à ses soins les plus avisés, les plus raffinés, mais qui doit être seul à les connaître. Et à décider en connaissance.

Diamant noir de la morale médicale, le secret professionnel ne souffre aucune exception. Devant qui que ce soit. Pour qui que ce soit. Devant les familles et les organisations. Devant les juges et les policiers. Devant les plus proches des amis et devant les plus hautes autorités de l'Etat. Pour le plus humble comme pour le plus puissant.

Il doit demeurer entier, intact. Il faut refuser de le laisser seulement écorner, écorcher. Ce n'est pas pour rien que lorsqu'on y attente on parle de viol. C'est une atteinte à l'intégrité d'une personne, remise en cause dans sa profondeur : la plus petite limitation du secret professionnel touche à l'intégrité du malade et du médecin. Le viol salit autant l'assassin que la victime. Il est justement reconnu aujourd'hui comme un assassinat. Le viol du secret professionnel est un assassinat de la médecine. Parler lors d'une réunion d'expérience, dans un dîner ou dans un lieu public, de la maladie de Mme l'Ambassadrice, de la maladie du chef de l'Etat ou de celle du ministre, c'est violer le secret professionnel si on est leur médecin, c'est violer le secret médical si on ne l'est pas. On n'a pas plus, médecin, à parler en public de la maladie d'un inconnu traité dans un autre hôpital qu'on n'a, magistrat, le droit de porter une appréciation sur l'accusé d'une autre juridiction.

Pourquoi? Parce qu'un individu s'est confié à un médecin et que la confiance ne se partage pas. Sorte de rempart des rapports humains, le secret professionnel doit être sauvegardé à tout prix. Les quatre murs du cabinet de consultation doivent demeurer un abri, et la tête du médecin un refuge que rien ne doit transpercer. Toute brisure de cet enclos constitue une agression contre le patient et un crime contre la médecine.

Meurtrissure de la conscience médicale, le fait de divulguer le secret d'un malade ressemble à la livraison d'un réfugié politique. Le secret professionnel, comme le droit d'asile, ne se partage pas. Aucune justification, administrative, sociale ou politique, ne peut nous en délier : nous quitterions le terrain de la médecine par effraction, par une fêlure de la conscience.

Le secret... mais alors toutes ces histoires de malades qui sont racontées, qui sont publiées? De façon anonyme certes, mais la ressemblance peut être perçue par eux, ou par leurs proches? Illustration de ce que peut être la destinée humaine, leur vie est exemplaire et déborde le cadre de la stricte inclusion familiale ou sociale. Leur aventure sur cette terre dépasse les limites du chemin étroit qu'ils parcourent et atteint ceux qui les ont approchés, les troublant parfois, les éclairant toujours. Dépositaire unique du secret de sa vie, chaque être humain par son attitude témoigne pour tous les autres.

GENEVIÈVE

L'HISTOIRE qui suit est une véritable histoire d'amour.

« Voilà, docteur. »

Elle est petite, 1,58 m, brune, les cheveux recouvrant la nuque, bien rangés, noirs, les yeux bleu ciel. A la fois assurée et souriante : avec elle pas de demi-mesures.

« Voilà, docteur, je viens pour faire le point. Je n'arrive pas à le faire avec mes autres médecins. J'espère qu'avec vous ce sera possible. J'ai eu un cancer de la peau il y a deux ans. J'ai dû être opérée récemment d'une tumeur au poumon. Je n'ai pas pu savoir si c'était un cancer. Ni si l'opération a été satisfaisante, si on m'a tout enlevé.

— Madame, cela va être facile à voir. Il suffit de faire tout de suite une radiographie du thorax. »

Le médecin signe un bon pour l'effectuer en urgence.

Elle sort. Son mari, qui l'a accompagnée mais dont la présence est passée jusqu'ici inaperçue, déclare alors, la voix éteinte :

« Docteur, c'est impossible ce que vous faites. Si elle voit sa radio, elle va se rendre compte. Elle est fine mouche. Elle va voir que la tumeur est intacte. Elle a un cancer qu'on n'a pas pu enlever.

— On n'a rien pu faire ?

– Non.

– Alors, pourquoi lui a-t-on raconté cela ? »

Silence.

« Et vous aussi ?

– Moi aussi.

– Est-ce que vous vous rendez compte de ce que va être votre vie lorsqu'elle finira par savoir ? Parce qu'elle finira...

– Tant pis.

– Vous l'aimez, tout de même ?

– Bien sûr.

– Vous imaginez ce que va devenir votre amour ?

– Je prends le risque.

– Libre à vous... De toute manière, aujourd'hui, on va être obligés de truquer les radios, de faire une substitution de clichés.

– Ce serait gentil, docteur.

– C'est gentil pour vous, mais c'est moche pour elle... »

Elle revient. On lui montre un cliché normal.

« Ce n'est pas mal, dit le médecin. Mais il faut continuer à traiter, faire des examens complémentaires en attendant. »

Ils s'en vont.

Elle revient, toujours avec son mari. Le médecin :

« J'ai pu obtenir le dossier.

– C'est un cancer ?

– Oui, c'est un cancer.

– Pourquoi ne me l'ont-ils pas dit ?

– Pour vous épargner, par gentillesse, mais c'est un autre problème. On vous a bien soignée par ailleurs. Et ça ne sert à rien de revenir sur le passé.

– D'accord.

– Il faut mettre en route un traitement médical. »

Après six semaines, nouvelle radiographie. Devant le cliché, qu'on regarde cette fois devant elle :

« Je me demande si on n'aurait pas intérêt à réopérer.

– Pourquoi? »

La vérité, doucement :

« Il restait une partie de la tumeur après l'opération. On n'avait pas pu tout retirer, et le traitement médical n'a pas suffi à la faire disparaître.

– Quand alors?

– Il faut d'abord demander à un chirurgien. »

A un certain moment, pour le malade qui veut savoir, à un certain détour du sentier et des heures, l'instant est là où l'oreille est prête, le corps attentif, le médecin présent, et les choses dites de la même manière qu'elles sont entendues. Instant privilégié et rare où deux personnes séparées par la plus infranchissable des barrières se savent soudain égales : elle peut savoir, il peut me dire. « Vous savez que vous avez un cancer »... ces mots, prononcés à n'importe quel autre moment, dans n'importe quelle autre circonstance, les mêmes et prononcés pourtant de la même manière, auraient pris une signification et un retentissement différents. Comme la résonance des notes graves du violon, variable selon l'auditoire, celle de notre existence dépend de notre écoute intérieure. La lettre est dictée au chirurgien. Un rendez-vous est pris. Téléphone du chirurgien :

« L'intervention est difficile mais possible. »

Le médecin :

« Il faut la faire.

– Mais elle est difficile.

– Il faut essayer. Je t'en supplie. Pas d'autre solution pour elle. Et maintenant elle l'attend.

– Je n'ai pas envie qu'elle reste sur la table.

– Elle n'y restera pas si tu le décides.

– Comme tu y vas! D'accord, je vais essayer. Mais, dis-moi, tu as l'air d'y tenir beaucoup.

– Oui. Beaucoup. »

Geneviève entre à l'hôpital. Elle téléphone la veille de l'intervention :

« Monsieur, je voudrais vous demander quelque chose. D'abord je sais que, lors de la première opération, ils n'ont rien pu faire, ils n'ont rien enlevé. J'ai compris... C'est ce que j'étais venue chercher dans votre hôpital. La vérité, je l'ai. J'ai engueulé mon mari. Il s'est excusé, il a été ennuyé, le pauvre! Maintenant ça va. Mais voilà pourquoi je vous appelle : il n'est pas sûr qu'ils puissent enlever la tumeur demain, puisque les autres n'ont pas pu la première fois.

— S'ils essaient, ils pourront.

— S'ils ne peuvent pas, docteur, je ne voudrais pas me réveiller. Je voudrais que vous me fassiez la promesse que dans ce cas-là, je ne me réveillerai pas, j'ai tout prévu.

— Vous vous réveillerez, et vous serez opérée.

— Et si je suis inopérable?

— Je vous dis que vous serez opérée et que vous vous réveillerez. »

Quelques jours plus tard, sur son lit d'hôpital, Geneviève à qui on avait enlevé le poumon malade, le visage meurtri par la longue intervention chirurgicale mais dont le regard avait la couleur du ciel à travers la fenêtre, trouvait la force de sourire. Obligée de parler doucement, de chuchoter, elle disait :

« Mon mari, mes enfants sont contents.

— Et vous? Vous n'êtes pas contente?

— Si! De vous revoir tous. Pourtant, il va falloir changer de vie. Je ne pourrai plus exercer le même métier. Professeur d'anglais. Ça ne fait rien, je trouverai autre chose. De toute façon, je suis devenue professeur d'anglais par hasard.

— Comment, par hasard?

– Je suis allée à la faculté des lettres, à Paris, pour m'inscrire à une licence d'allemand. Il fallait faire la queue, une longue queue. Après plus de trois heures d'attente pendant lesquelles j'ai déjeuné comme les autres étudiants d'un sandwich, je présente mes papiers d'inscription : « Vous avez fait erreur, made- « moiselle. Ici ce n'est pas pour l'allemand, c'est pour « la licence d'anglais. L'allemand, c'est le guichet à « côté. » Et je regarde : une file d'étudiants encore plus longue que celle que je venais de quitter. « Tant « pis, inscrivez-moi en anglais. » J'ai remplacé un mot de huit lettres par un mot de sept et je suis devenue professeur d'anglais. »

Elle est sortie de l'hôpital deux semaines plus tard. Elle est partie avec son mari en voyage au bord de la mer. Elle a envoyé deux cartes pour dire qu'elle était heureuse. Lui avait retrouvé la femme qu'il aimait, et elle le regardait : « Elle me regarde différemment depuis qu'elle sait, elle me voit. Celui qui ne sait pas ne me voit pas... En lui disant la vérité je crée une barrière claire entre nous, celle de la vie. En lui mentant, je la garde de côté. Elle ne me voit plus : elle est à côté de moi, elle n'est plus en face. Nous ne nous voyons plus que de profil, à la dérobée. Le mensonge crée toujours un malaise, il rend malade. Elle est très malade, Geneviève, mais on n'a jamais été si bien portants tous les deux. »

Le malheur a voulu, car la vie est souvent cruelle, que la maladie s'installe ailleurs et que, brutalement, Geneviève soit, à nouveau, clouée au lit. Un après-midi, elle est entrée dans le coma. Elle n'entendait plus, ne voyait plus, ne répondait plus... Elle respirait seulement. Joli visage de Geneviève, encadré de ses cheveux noirs, adorable image de la vie fragile mais vraie, témoignage absolu de l'injustice absolue de la maladie, de cette saleté de cancer. Si vraiment l'effort devait être payant, la volonté récompensée, le courage

honoré, la beauté fêtée, l'amour accordé, Geneviève
n'aurait jamais dû mourir...

Dix heures plus tard, dans sa chambre où elle a été
transportée, le médecin s'assoit à côté d'elle et l'appelle doucement :
« Geneviève, Geneviève, vous m'entendez? Si vous
m'entendez, essayez de tourner la tête, de faire un
geste, n'importe lequel. »
Personne ne saura jamais si la tête de Geneviève
remua parce qu'elle avait entendu.

Le visage de Geneviève, sa première apparition,
avant ses premiers mots, cette façon d'arriver presque
suppliante qui vous fait dire parfois : pourvu que les
autres ne voient pas ce que je vois, elle devrait se
cacher, et puis non ils le voient, et on voudrait être le
seul à le voir, et qu'est-ce que ça signifie. Et le trouble
vous prend...
Elle avait enregistré sur son magnétophone des
cassettes pour ses enfants lorsqu'ils auront quinze ans,
et écrit une lettre pour son médecin.

RÉANIMATION

La réanimation médicale, née avec le milieu de ce siècle, est un des plus beaux efforts de l'être humain pour lutter contre l'impossible. Et, il faut oser le dire, contre la mort. Reculer les frontières de la mort. Repousser le plus loin possible les limites de la vie... Le seul mot de réanimation donne toute sa noblesse à cette activité. Des appareils bizarres : flacons, valves, soupapes, tubes, soufflets, pompes, piles électriques, vont rendre la vie, réanimer, un être humain profondément endormi, sa conscience momentanément estompée. Entreprendre cette lutte contre l'inexorable, cette bataille contre la fatalité, cette défense d'une cause perdue, c'est tout l'honneur de cet animal à deux pattes qu'on appelle l'être humain.

Un malade cardiaque, victime l'après-midi d'un infarctus du myocarde, voit se relayer autour de lui un chef de clinique-assistant, un interne et des infirmières. Après quelques heures, son état s'améliorant, son cœur fonctionnant mieux, son corps retrouvant le calme, ils ont commencé à bavarder : de sa maladie, de la vie, de sa famille, de son travail. Une nouvelle alerte survient dans la soirée, traduite d'abord par le tracé électrique, et les soignants ne le quittent pas, dînent auprès de lui de sandwiches et de café. Accalmie. Nouvelle alerte.

Pas grave. Nouvelle amélioration après minuit. Le malade somnole, avec à son chevet des blouses blanches aux aguets. Vers cinq heures du matin, nouvel accident, plus grave que les autres. Le malade prend conscience que c'est peut-être le dernier, et il dit doucement à ceux et celles qui se sont battus à ses côtés depuis tant d'heures si lentes :

« Allez, je sais bien que vous ne me sauverez pas, que je vais bientôt mourir. Ne soyez pas trop tristes. Depuis hier, j'ai pu revoir et repasser ma vie, toute ma vie. Je sais. Non, maintenant je n'ai pas trop de peine, croyez-moi. C'est pour vous que j'ai de la peine : vous vous êtes donné tant de mal... »

ON NE SOIGNE PAS INNOCEMMENT

Il arrive qu'un médecin tue un malade sans le vouloir. C'est arrivé pour une jeune femme de quarante ans. Elle venait de mettre au monde un enfant trois mois plus tôt quand apparaît au sein, près du mamelon, une tumeur qui grossit rapidement et s'accompagne d'un ganglion dans l'aisselle. Avant l'intervention chirurgicale qui doit s'efforcer de limiter son action, pour essayer de sauver le sein de cette jeune femme, un traitement médical est d'abord entrepris qui recourt aux produits connus comme les plus actifs dans cette forme de cancer : utilisés à dose forte, ils doivent faire disparaître l'inflammation et réduire au maximum la tumeur pour faciliter le travail du chirurgien.

Le traitement est effectué à domicile sous la surveillance d'infirmières spécialisées et le contrôle du médecin. Le premier cycle du traitement d'une durée de cinq jours se passe bien. La malade présente quelques palpitations qui conduisent, avant d'entreprendre le deuxième cycle thérapeutique, à un examen cardiologique, radiographique, clinique et biologique approfondi. La malade accepte d'ailleurs facilement de recommencer. Tout a l'air cette fois de bien se passer. Elle meurt cependant subitement dans la nuit qui suit le dernier jour du traitement. Une seule explication possible : un arrêt cardiaque brutal. Une seule responsabilité envisageable : l'un des produits utilisés avant que la dose toxique pour le cœur ne soit atteinte, a dû cependant avoir, exceptionnellement chez cette malade, une action mortelle, un effet hypertoxique.

Une femme d'une grande douceur, celle dont les jours étaient peut-être comptés mais qui pouvait au moins les vivre, un mari veuf, un enfant orphelin, un médecin assassin pour mauvaise utilisation des drogues, apprenti sorcier : qui peut en vouloir au père de la malade, triste, désespéré, de hanter successivement tous les cabinets ministériels pour se plaindre du médecin? Si celui-ci n'est pas entièrement responsable, donc coupable, il n'est en tout cas pas innocent.

MANDARIN

Un jeune chirurgien, brillant, bon élève, bien élevé, travailleur, toutes conditions nécessaires pour faciliter la marche d'une carrière, a son avenir tracé. Assistant d'un des meilleurs et des plus courageux chirurgiens de Paris, il lui suffit de continuer à travailler aussi consciencieusement pour réaliser son rêve : opérer dans de bonnes conditions et devenir chirurgien des Hôpitaux de Paris.

Son patron meurt. L'admirable soutien qu'il représentait a disparu. Excellent chirurgien, il ne devrait pas avoir de mal à trouver une place. Mais les autres patrons ont déjà leurs propres élèves. Cependant, il existe un chirurgien qui dispose d'un grand service mais qui n'a pas de véritable assistant, qu'on dit très susceptible et presque solitaire depuis que, revenu d'Afrique du Nord, il est, dit-on, devenu chef de service à la place d'un de ses collègues grâce à des appuis politiques. Mais son abord est courtois, ses manières affables, son attitude un peu distante accentuée sans doute par sa vie de vieux célibataire, et il est par ailleurs bon opérateur : cette dernière qualité surtout suffit au jeune chirurgien pour tenter une intégration dans son service, ce qu'il finit par obtenir avec l'aide d'un ami médecin.

Il travaille beaucoup, obtient la confiance du chef de service. Sa réputation (il est aussi bon chirurgien que gentil avec les malades) déborde les frontières du service et il est appelé à opérer de plus en plus souvent. L'atmosphère est excellente et, lorsque le chef part en vacances, il lui confie naturellement la responsabilité du service.

Le médecin d'un autre hôpital, qui participe régulièrement à des réunions communes destinées à ajuster le mieux possible traitement médical et traitement chirurgical, apprend qu'une nouvelle méthode est utilisée aux Etats-Unis pour traiter certains cancers : une pompe implantée à l'intérieur du corps permet d'administrer directement dans l'organe malade de façon permanente un médicament devenu cent fois plus actif de cette manière. Une malade parisienne pourrait profiter de cette méthode. Ses possibilités financières lui permettant un tel voyage, elle part pour le Michigan pour l'opération destinée à placer cette pompe, accompagnée du médecin parisien.

Le mari de la malade, heureux de voir la vie de sa femme prolongée et peut-être sauvée, conscient du privilège offert grâce à des moyens financiers que ne possèdent pas d'autres familles de malades, ancien combattant de la Division Leclerc, vieux gaulliste au point d'avoir un infarctus du myocarde le jour de la mort du Général, décide de faire offrir par sa société une trentaine de pompes, chacune valant 35 000 F, à des malades français. Mais il faut évidemment qu'un chirurgien vienne apprendre à les poser. Le médecin parisien à son retour trouve naturel de le proposer au jeune assistant après en avoir averti le chef de service : « Il faut faire confiance aux jeunes et leur permettre de se familiariser avec les techniques de demain. Et le traitement des malades sera perfectionné. »

Le chef a l'air de comprendre et lorsque son assistant revient des Etats-Unis, il l'aide à placer les premières pompes, très intéressé par cette nouvelle technique. Une note est adressée à un journal médical français. Cependant, sa susceptibilité va être mise à l'épreuve à quelques reprises. Une malade, soignée par son jeune assistant, lui déclare un jour : « Je pensais que c'était lui, le patron. » Un autre jour, il trouve hospitalisée la femme du directeur d'une grande entreprise qu'il aurait aimé avoir pour patiente personnelle. Ces piqûres d'amour-propre n'entament pas la confiance qu'il garde à son assistant mais elles représentent une menace. Et, peu à peu, la situation se dégrade. La distance vis-à-vis de son assistant s'accentue. La susceptibilité se transforme en jalousie. La jalousie en envie.

Un jour, pendant les vacances du chef de service, la gaffe de l'assistant : un ami photographe, averti de la nouvelle méthode, voudrait prendre quelques photographies. Il souhaite avoir la priorité de publication le jour où cette technique sera dévoilée, et il promet de ne rien faire sans l'accord des médecins. Deux jours plus tard, le jeune chirurgien téléphone au médecin : le photographe a montré les clichés au directeur d'un hebdomadaire de renom qui tient absolument à les publier : il dit qu'on ne peut pas refuser d'informer les malades, de les aider.

« Ça m'est égal, répond le médecin, mais toi, tu risques d'avoir des ennuis.

– Je ne crois pas, je ne fais rien de mal, et puis, de toute manière, des ennuis, il ne pourra pas m'en faire plus.

– Comme tu voudras, mais c'est à tes risques et périls. »

La publication a lieu le samedi suivant. Lorsque le chef de service revient, le lundi, et qu'il prend connaissance de l'article dans lequel il est cité avec respect et même éloge, il fait taper une lettre de démission, convoque son assistant en fin de matinée et lui demande de la signer.

Il ne faut jamais démissionner sous la pression. Ni présenter sa démission. Ni même menacer de démissionner. Cœurs généreux qui croyez parfois convaincre vos supérieurs par votre honnêteté, votre démission, on l'acceptera, on en sera même soulagé, ça évitera d'avoir à vous renvoyer. On joue en pareil cas avec votre honneur : « Vous feriez mieux de démissionner..., disait un jour le représentant d'un ministre au directeur d'une entreprise, ça m'ennuierait vis-à-vis de vous et de vos ouvriers, d'avoir à vous démettre. » Il n'a pas écrit sa lettre de démission, et il est toujours en poste.

Mais le jeune chirurgien, plein d'allant, honnête et fou, a signé. Malgré certaines interventions, la direction générale des hôpitaux a accepté la démission, pourtant non rédigée par lui-même : le chef est tout-puissant.

Celui-ci dirige toujours le service hospitalier dont il est responsable depuis qu'il y a été nommé par complaisance dix ans plus tôt, bien qu'un certain nombre de lits demeurent vides, faute de malades. C'est un chef de service, ce n'est pas un patron. Il n'a pas de collaborateurs, il n'a que des serviteurs. Il n'a pas d'amis, il n'a que des connaissances. Mais il continue à diriger. Il est inamovible.

INAMOVIBILITÉ

Un individu capable l'est une fois pour toutes. Professeur de médecine, une fois pour toutes. Comme dans l'armée. Et si un fonctionnaire d'importance, un directeur de ministère, un préfet, un magistrat, ont si peu que ce soit manqué, il faudra, pour avoir la possibilité ou le droit de les muter, leur trouver un poste au moins égal sinon supérieur en importance. Ils ont manqué. Ils ont mal géré. Ils ont fait une erreur. Mais ils n'ont jamais démérité. Le mérite est une qualité qu'on acquiert avec l'âge. Comme le vin. Sauf qu'il lui arrive aussi parfois de démériter et, comme disent les vignerons, de porter son chapeau sur l'oreille.

La remise en cause, à tout moment, d'une existence est essentielle, aussi bien dans la vie publique que dans la vie privée. L'assurance du lendemain, recherche éperdue de tous les êtres humains, ne doit jamais être acquise.

Pour le chirurgien ou le médecin mandarin qui vient à l'hôpital une à deux heures par jour, le mari qui rentre chez lui pour dîner en lisant son journal ou en regardant la télé, le ministre qui ne consulte même plus ses dossiers et se contente des résumés de ses collaborateurs, le journaliste qui publie en son nom les enquêtes des plus jeunes, pour eux tous, les journées à venir sont assurées, elles ne sont plus à gagner. Le temps à venir est déjà acquis, il n'est plus à obtenir. Esclaves du passé, ils soumettent l'avenir à un caprice inutile. Le ruban de leur vie porte la couleur fanée de leur passé. L'effort est aboli. C'est la vie sans lutte. La garantie pour certains. Le recopiage d'hier. La répétition d'avant-hier. Ne rien changer dans mes habitudes. C'est le maintien de ces habitudes qu'on souhaite garantir au malade, en lui mentant parfois. « Vivre comme avant. » Non : « Vivre autrement, mais vivre. » La remise en cause, seule garantie de la liberté, seule assurance de la démocratie : « Dans une démocratie le premier signe de la dictature, disait Saint-Just, c'est l'irrévocabilité des fonctionnaires. »

La seule amovibilité obligatoire, c'est l'âge. Que vous ayez été incompétent à 30 ans, inefficace à 40, fainéant à 50 ou, qu'après avoir été excellent chercheur et médecin à 40 ans, votre esprit divague après 55, vous irez jusqu'à 65 ans si vous le souhaitez. Et que vous ayez été efficace à 30 ans, expert dans votre profession à 40, reconnu comme un chef d'école à 50, vous devez vous arrêter à 65, même si vous pouvez tenir encore 10 ans. Vous ne pouvez plus, après 65 ans, diriger une entreprise, un service hospitalier, une chaîne de télévision, un cabinet ministériel. Mais vous pouvez fort bien être sénateur ou député, ministre ou diriger la France. Pas d'âge pour les fonctions suprêmes. L'activité politique offre une virginité permanente.

L'AMOUR FILIAL

BRIGITTE est secrétaire dans un hôpital spécialisé pour le traitement du cancer. Elle vient souvent voir ses autres collègues secrétaires. Leurs conversations doivent valoir la peine : les malades, les infirmières, les médecins. Femmes entre elles, secrétaires entre elles, confidences inconnues du monde des hommes, du monde des médecins.

« Est-ce que vous accepteriez de voir mon père ? Il a un cancer du rein, et en ce moment il ne va pas bien.

— Si vous voulez. Mais qui le soigne ?

— Peu importe. »

Une soixantaine d'années.

« C'est la respiration, docteur. Pourtant, j'ai arrêté de fumer. Les médecins n'y comprennent rien. Je me demande ce que c'est. Si ce n'est pas cette foutue maladie qui s'est déplacée. »

Que faut-il répondre :

« Mais, mon vieux, c'est un virus hivernal, une infection saisonnière, une irritation trachéale ? »

Il est typographe. Il sait qu'on peut utiliser bien des mots pour dire les choses, pour dire le malheur, pour cacher le malheur, mais il sait aussi qu'il y a un mot vrai pour chaque chose.

« Ce n'est pas cette foutue maladie ?

— Peut-être. »

On le traite. Il revient quelques semaines plus tard. Cette fois il a tellement de mal à respirer qu'il arrive allongé sur une civière. Les radios des poumons montrent qu'ils sont « mités ». Presque plus de tissu pulmonaire normal qui permette de respirer. Le médecin, à part, à sa fille :

« Il faut lui foutre la paix.

— Oui, répond-elle, mais il faudrait le calmer. Il n'en peut plus. Il ne dort plus. »

Le médecin :

« Monsieur, je crois que le mieux aujourd'hui est de vous donner des médicaments pour calmer ces douleurs, pour essayer d'améliorer votre respiration. Si les choses s'arrangent, si les signes actuels disparaissent, on pourra envisager de reprendre un traitement contre votre maladie. Mais, pour le moment, mieux vaut vous aider à vivre, de la manière la moins fatigante et la moins douloureuse possible.

— D'accord, docteur. Tout à fait d'accord. C'est pour ça que je suis venu. »

Une ordonnance est rédigée qui comporte un mélange de produits portant le nom de drogues : morphine, cocaïne, alcool, chloroforme, rédigée sur un petit papier spécial, sorte de passeport contre la douleur, de laisser-passer vers la paix du corps. L'ordonnance est confiée à la fille et les médicaments prescrits sont à bonne dose, à dose nécessaire.

Elle part. On est vendredi.

« Donnez-moi des nouvelles lundi. Téléphonez avant si cela est nécessaire. »

Elle revient le lundi et elle raconte.

« Quand je suis partie vendredi soir avec votre ordonnance, j'ai d'abord été dans une première pharmacie, puis dans une seconde, ils n'avaient pas les produits. C'était déjà la fin de l'après-midi. Ils m'ont conseillé d'aller dans une grande pharmacie qui les dépannait toujours en cas de besoin, une grande pharmacie centrale, sur une des grandes places populaires de Paris, ouverte jour et nuit. Quand j'ai présenté mon ordonnance, la jeune préparatrice m'a répondu : « Je ne peux rien faire. Ce sont des produits « toxiques. Il faut attendre la pharmacienne. » La pharmacienne est arrivée. Elle a regardé l'ordonnance attentivement, m'a dévisagée, l'a relue et m'a dit : « Pourquoi venez-vous de si loin pour chercher ces « produits ?

« – Parce que je ne les ai pas trouvés ailleurs. »

« Et, muette, avec un sourire méprisant, un geste de négation de l'index droit, puis :

« – Pas ici, mademoiselle, non pas ici. Vous vous « trompez d'adresse. »

« Elle devait croire que je voulais me droguer. J'ai d'abord marché dans les rues en pleurant, puis j'ai pensé à Papa qui attendait. Je suis retournée voir le deuxième pharmacien qui avait l'air gentil, mais qui n'avait qu'une petite officine. C'était fermé. J'ai sonné, je lui ai expliqué. Il m'a proposé de faire tout son possible mais que je ne pourrais pas avoir la potion prescrite avant le lendemain soir. Qu'allais-je faire cette nuit ? J'ai raconté à mon père qu'il fallait du temps pour la préparer. J'ai caché la vérité. La nuit, il geignait et se plaignait :

« – J'ai mal. Et moi qui faisais confiance à ce « médecin, le salaud, je croyais qu'il allait me calmer « mes douleurs, menteur, hypocrite. De belles paroles, « c'est tout, mais pour soulager un pauvre type, zéro ! « Ils sont chouettes vos médecins, vos hospitaliers, « comme vous dites !

« – Papa, calme-toi.

« – Comment veux-tu que je me calme. Tu sais « bien qu'à mon degré de maladie on ne peut plus se « calmer. Pour cela, il faut une aide extérieure. »

« La nuit a passé. Mal. Le chant du coq est un

bienfait. Nous vivons dans la banlieue, près de chez nous il y a une petite basse-cour. »

... Qui saura dire le bienfait de ce chant un peu crissant, absent de toute mélodie mais triomphant, et qui annonce au malade que les ténèbres vont s'éclaircir. Toujours un peu avant le lever du jour est la levée du malheur.

« J'ai été revoir le pharmacien. Il avait la préparation. Papa a donc commencé à la prendre à partir de sept heures du soir, toutes les quatre heures, comme vous l'aviez prescrit. On l'a laissé s'endormir; à minuit, il avait l'air calme, il avait l'air content. On s'est tous endormis, maman et moi aussi, car on avait passé plusieurs nuits blanches de suite. Le lendemain matin, quand nous nous sommes réveillées, à neuf heures, c'est lui qui appelait, joyeux. Il avait pu se lever et nous avait préparé le petit déjeuner, notre café au lait du dimanche avec des tartines de pain. Si vous aviez vu son bonheur! »

Il est mort calmement deux jours plus tard.

Pharmacienne de la place, ouverte la nuit et fermée à la gentillesse humaine, vendeuse de parfums; petit pharmacien de quartier ouvert à la compréhension et au bonheur.

On laisse agoniser les gens tous les jours dans ce pays parce que les quelques lettres des mots morphine, héroïne, cocaïne, alcool, brûlent les doigts qui les écrivent, les lèvres qui les prononcent. « Saint Palfium » avait prononcé un soir un journaliste calmé par lui et qui ne pactisait pas avec la drogue.

Peut-on écrire ces phrases en étant conscient de leur résonance effroyable : on peut se demander si, au bout du compte, ces produits du pavot, ces substances de synthèse, ces stupéfiants, ces drogues n'ont pas apporté à l'humanité plus de bien que de mal. Comme la science, comme le progrès, toujours à deux visages. L'un néfaste et destructeur et l'autre aimable, joli, ou heureux, celui qu'il faut saisir. On a laissé un malheureux grand journaliste pleurer presque de douleur parce qu'il ne voulait pas entendre parler de morphine!...

CHARLATANS

Reconnaître les limites des possibilités thérapeutiques, les difficultés de la médecine et les méconnaissances de la science d'aujourd'hui, parfois chez un malade depuis longtemps soumis à un traitement devenu inefficace et chez lequel tous les médicaments, ou presque, ont été essayés, peut mener sur d'autres chemins. Attiré par le scintillement d'appellations magiques, le clinquant de déclarations solennelles, la caution d'articles ou de publications spectaculaires, le malade peut s'engager vers d'autres méthodes de traitement. Qui ont de grands pouvoirs de séduction. Par leur étiquette. Leur justification. Leur démarche. Médecines douces. Médecines parallèles. Traitement du terrain. Défense du corps. Régime alimentaire. Diététique alignée. Recours aux enzymes, aux vitamines, aux ondes, aux noyaux de fruits, aux champignons...

Il est vrai que la plupart des médicaments anti-cancer d'aujourd'hui sont liés à des découvertes de hasard : gaz moutarde mis au point pour asphyxier l'ennemi, pervenche dont les habitants de Sumatra faisaient des tisanes, antibiotiques qui se sont révélés meilleurs anticancéreux qu'antibactériens; produits de synthèse destinés à traiter la dépression; électrodes de platine auprès desquelles les cellules s'arrêtent de vivre. Mais chacun de ces produits a été évalué scientifiquement, expérimenté, avant d'être utilisé. Plus de 35 000 produits de toutes origines et de toutes inventions sont chaque année passés au crible de l'étude scientifique, chimique et biologique.

Il en est d'autres qui attirent parce que leur formule est inconnue, leur préparation secrète et leur inventeur clandestin : cette méconnaissance officielle les habille de vertu et fait croire au prodige. Seuls à savoir quand les officiels ignorent. Exclus par eux pour ne pas avoir à reconnaître leurs manques. Non reconnus précisément pour qu'ils puissent conserver leurs places.

Un garçon de dix-sept ans, atteint d'un cancer abdominal déjà traité, qui a rechuté et est devenu résistant à tous les produits, repart en Touraine dans sa famille avec une ordonnance de médicaments destinés à calmer ses douleurs et à lui donner un peu de force pour les jours qui lui restent à vivre. Sa mère consulte un thaumaturge célèbre ayant mis au point une méthode permettant d'asphyxier les cellules cancéreuses par un trop-plein d'oxygène. Le médecin traitant n'y voit, après tout, pas d'inconvénient. Mais il reçoit le lendemain un appel téléphonique du médecin de famille disant que le guérisseur ne garantit l'efficacité de son traitement qu'à condition d'arrêter tous les autres, ce que la mère a accepté. Et le jeune garçon mourra quelques jours plus tard, dans la douleur et la grande fatigue sans avoir à nouveau fait appel à son médecin de famille.

Un acteur de cinéma, porteur d'une tumeur de la plèvre, refuse l'intervention chirurgicale projetée qui est la seule éventuelle possibilité de le guérir. Il franchit la frontière mexicaine pour être soumis, dans un établissement spécialisé, à un traitement de champignon-miracle et à un régime alimentaire approprié.

Deux jours avant de mourir, il est amené en dernier recours dans la salle d'opération pour y subir, en vain, l'intervention proposée quelques mois plus tôt.

Un homme de quarante-cinq ans arrive à l'hôpital dans une petite chaise, maigre (28 kilos), épuisé au point de ne pouvoir parler qu'en chuchotant, l'ossature du visage dessinée sous la peau. Il est conduit par un homme costaud, 1,75 m, 80 kilos, son gendre :

« Mon beau-père a un cancer de l'intestin. Alors, pour le guérir, on l'a soumis depuis trois mois à une cure uvale. Deux litres de jus de raisin par jour. Rien d'autre. Pour épurer son organisme.

— Vous voyez le résultat...

— Justement, docteur. Il n'a plus mal. Il ne souffre plus.

— Mais il ne peut plus parler, il ne peut même plus se plaindre, il n'a plus aucune force.

— Tout de même, il est mieux. Son cancer a beaucoup diminué.

— Vous trouvez? C'est surtout lui qui est diminué, rabougri. Mais pourquoi venez-vous me voir aujourd'hui? »

C'est la fille du malade qui répond.

« Pour avoir votre avis.

— On ne peut pas le soigner dans cet état. On va faire des examens, et pour cela l'hospitaliser.

— Ça, on ne veut pas, répond le gendre. Vous le feriez manger.

— Bien sûr, sinon il va mourir. »

Le malade semble échapper à la conversation, il est ailleurs. Il repart, sur sa chaise roulante, guidé par son gendre, sûr de lui, avec ses 80 kilos.

Une jeune fille a un cancer du bras. Pour essayer de la sauver, une seule possibilité : intervention chirurgicale d'urgence, précédée et suivie d'un traitement médical. Un guérisseur consulté propose d'éviter l'opération grâce à son traitement. Elle mourra quelques mois plus tard.

Que certaines familles abusées décident d'associer un traitement hors des normes à un traitement médical véritable, cela peut encore s'admettre, mais qu'elles éliminent une thérapeutique ayant fait ses preuves, au laboratoire et en service hospitalier, même si non efficace à 100 p. 100, au bénéfice d'un traitement qui n'est qu'un bruit de couloir, relève de la non-assistance à personne en danger : la prohibition de traitement expérimenté, l'empêchement de vivre relèvent d'une conduite criminelle.

Et lorsque leur prétendu traitement « ne marche pas », c'est que les médicaments déjà donnés par les médecins l'ont empêché d'agir ou qu'on les a appelés trop tard. Aucune des publications éditées par leurs soins n'explique un seul cas des guérisons vantées. Avant qu'on ne guérisse la tuberculose à l'aide des antibiotiques, presque chaque mois des journaux publiaient des articles de ceux qui la guérissaient, mais auxquels on interdisait d'exercer. Que sont devenus le vaccin de Lorenz, le bacille de tortue, le sérum de grenouille et les régimes hygiéno-diététiques spéciaux ?

Que penser de l'inventeur de cette machine à guérir le cancer, qui a sacrifié sa vie pour aider les malades et qui, de peur que d'autres ne le copient ou ne le volent, est mort en emportant avec lui son secret ?

Qu'il y ait défaillance de la médecine dans l'impossibilité où elle se trouve encore aujourd'hui de guérir la moitié des malades atteints de cancer, même si elle leur rend dans un grand nombre de cas l'existence plus longue et plus confortable, il faut le reconnaître aussi honnêtement que possible : c'est ce qui différencie le vrai savoir qui connaît ses limites et reconnaît son degré d'ignorance du faux savoir du charlatan qui sait tout. Qu'il y ait même parfois faute de certains médecins qui, à bout de course thérapeutique, à bout de remèdes efficaces, finissent par ne plus s'occuper de leurs malades, donnant ainsi l'impression de les laisser tomber, il faut le dire et même le stigmatiser : même lorsqu'il n'y a plus rien à faire contre la maladie, il y a encore quelque chose à faire pour le malade.

Mais que des individus étrangers à tout raisonnement scientifique, extérieurs à toute culture médicale, puissent, sous prétexte qu'il s'agit de la vie humaine et de celle de leurs semblables, auxquels ils donnent l'illusion de s'intéresser plus que n'importe qui d'autre, s'arroger le droit de leur offrir une possibilité de guérison qui n'existe pas, qu'ils le sachent (et ce sont des imposteurs), ou qu'ils l'ignorent (et ce sont des imbéciles ou des fous), leur conduite n'est pas tant celle d'un usurpateur de soins que celle d'un escroc à l'espoir. Escroquerie d'autant plus facile et honteuse que les familles en détresse sont prêtes à débourser n'importe quelle somme d'argent, ce dont ils savent profiter.

Les noms qu'ils se donnent tous trahissent d'ailleurs leur vérité profonde : médecines « parallèles » : médecines à distance toujours égale de la médecine qui soigne et qu'elles ne rencontrent jamais; médecines « douces » : médecines qui veulent éviter d'être trop dures pour le malade, mais qui sont surtout douces pour la maladie, qu'elles laissent évoluer à son gré.

Pour traiter le cancer, la route est longue, le sentier ardu, le chemin difficile : il n'en est malheureusement pas d'autre.

STATISTIQUES

« Docteur, maintenant que je sais que j'ai un cancer, quelles sont mes chances de guérison? » Souvent, le médecin, et pas des moindres, se laisse prendre au piège, apparemment objectif, des chiffres, des statistiques. Idole contemporaine au pied de laquelle se prosternent les hommes politiques et bien des hommes de science. Parce qu'il n'y a de scientifique que le quantitatif. Et que l'appréciation des résultats doit être donnée en chiffres, toujours. Et que l'état de l'opinion publique doit être donné en pourcentage, toujours. Statistiques. Sondages.

Mais si les statistiques ont une signification pour définir l'évolution probable d'une maladie, les chances de guérison, les risques de rechute, le calcul approximatif de la durée de vie, elles ne signifient rien pour tel malade donné : les statistiques sont vraies quant à la maladie et fausses quant au malade; elles sont vraies quant aux populations et fausses quant à l'individu.

Si une malade porteuse d'un cancer du sein fait partie de la catégorie des femmes atteintes d'une variété de bon pronostic qui guérit définitivement dans 95 p.100 des cas, et que son affection suive malheureusement le mauvais cours qui frappe les 5 p. 100 restantes, pour elle le 95 se transforme en 0.

Si un malade porteur d'un cancer du pancréas étendu fait partie de la catégorie des patients qui ne guérissent que dans 5 p. 100 des cas, et que son affection suit heureusement un meilleur cours et qu'il guérit, pour lui le 5 se transforme en 100.

Pour un malade, pour une malade, les chiffres des autres ne signifient rien. Son corps, son destin, sa vie, c'est du tout ou rien, c'est du 0 ou du 100. « Contrairement à l'attente des chiffres », entend-on parfois dire...

C'est aussi pour cela qu'on peut dire la vérité au malade. Sa maladie n'appartient à personne d'autre qu'à lui-même. Et il n'existe aucune forme de cancer, si grave soit-elle, dont on ne connaisse au moins un cas de guérison. Pourquoi pas lui? Pourquoi pas elle? Pourquoi pas moi?

Le rouleau compresseur des chiffres a de la force. Les statistiques du pouvoir. Les sondages de la valeur. Mais pas au point de revêtir une signification absolue. « Voulez-vous quand même le traiter alors qu'il n'a que 10 p. 100 de chances de s'en sortir? » « Vous avez juridiquement tort parce que vous êtes politiquement minoritaire. » « Vous ne pouvez d'aucune manière avoir raison puisque vous êtes un dissident, et même votre raison est en danger... »

Comme je fais partie de la majorité, du nombre, j'ai forcément raison. Le mufle de la bête à chiffre a forcément le droit d'écraser. La métamorphose de la force en bon droit est connue depuis l'Antiquité, décrite par La Fontaine, et renouvelée par Napoléon, Bismarck, Hitler et Staline. « Combien a-t-il de divisions? » Il ne suffit pourtant pas de 100 000 personnes ou même de 1 million pour inverser une contre-vérité. Lorsqu'un million de personnes disent une bêtise, pensent une bêtise, font une bêtise, cela demeure une bêtise. On ne peut avoir raison contre le nombre. Mais on n'a pas forcément tort.

Le malade est comme le citoyen. Le malade doit penser d'abord à lui-même. Le citoyen doit penser d'abord par lui-même. Personne d'autre ne peut le remplacer. « Les cimetières sont remplis de gens irremplaçables », entend-on dire souvent d'une façon souriante et un peu méprisante. Et si c'était tout bêtement vrai, que personne ne remplace personne, qu'on a beau faire semblant, on n'y parvient jamais. Une place peut être à prendre. Dans la société. Dans un conseil d'administration. Dans un gouvernement. Dans une faculté. Elle sera seulement occupée. Qui a jamais remplacé certains chefs d'orchestre, certains peintres, certains généraux, certains médecins, certains chanteurs? Des ombres, dont l'épaisseur ne parvient pas à cacher la lumière encore émise par ceux qu'ils tentaient de remplacer.

Déambulant au milieu des statistiques, nageant au milieu des sondages, l'homme moderne devrait avant tout savoir que son histoire n'appartient qu'à lui, que son aventure ne mérite qu'un seul guide, que son destin est irréductible à la folie des chiffres, à la folie du nombre.

La conscience individuelle. Le refus d'une autorité extérieure à soi. Rien ne peut nous faire décider que nous-même. Ne pas avoir honte de soi. Pouvoir continuer à se regarder. Pouvoir être regardé par celles et ceux, morts et vivants, connus ou inconnus, qu'on estime, qu'on a choisis : celles et ceux qui font partie de l'équipe de notre vie. Avec lesquels on veut bien jouer et continuer à jouer le jeu de la vie. Et comme personne d'autre que vous ne peut vraiment vous comprendre et qu'on demeure toujours seul, même si on agit ensemble, on décide seul. Pourquoi cette invention du bulletin secret pour voter? Pour sauve-garder la liberté de vote, parce qu'on reconnaît là qu'il existe chez tout être humain quelque chose qui doit échapper au regard d'autrui, regard qui est le plus souvent celui de la coercition. (« Je n'oserais pas, j'aurais peur. ») Tous les actes importants de notre vie se font à bulletin secret. Le vote pour un homme public. La décision d'un militaire. Le jugement d'un magistrat. La déclaration d'un amour.

« Informatique et Libertés » a-t-on baptisé cette société de protection de l'être humain, qui doit faire la part des choses, entre l'inscription bureaucratique obligatoire et la conduite d'une existence. Comment peut-on associer l'une et l'autre? L'une menace per-manente de l'autre. Commission « Maîtres et escla-ves » pour éviter à ces derniers trop de brutalités? L'hypocrisie avait fait son entrée avec les Conventions de Genève qui permettaient à des Nations de faire la guerre dans certaines conditions au lieu de mettre la guerre, la mise à mort d'autrui, hors la loi. On peut tuer sous certaines conditions, dans certaines circons-tances. Informatique et Libertés : On peut vous voler dans certaines conditions, on peut disposer de vous dans certaines circonstances.

Dans un monde où tout sera de plus en plus réglementé, organisé, où une carte magnétique servira à « couvrir » vos dépenses, vos voyages, vos repos, vos vacances et votre travail, où un ordinateur central servira à informer les autorités de ce que vous avez pu faire ou dire, où votre nom d'état civil sera devenu celui chiffré de l'administration, une seule malheu-reuse solution s'offrira à ceux ou à celles qui voudront essayer d'échapper au monstre : donner une fausse image d'eux-mêmes pour conserver la vraie pour eux seuls et pour quelques-uns. Refusez ce jeu-là. Vous serez obligés de devenir des « artistes », c'est-à-dire des êtres qui sont en prise directe avec le monde, sans autre intermédiaire qu'une plume, un pinceau, de la toile ou du papier. Vous n'avez pas le choix. Votre seul refuge sera désormais vous-même. Vous seul. Votre vie est déjà un roman. Inscrivez-la en langage codé dont vous serez le seul lecteur.

PSYCHOLOGIE ET CANCER

QUELS rapports peut-il y avoir entre le psychisme et le cancer? Question souvent posée. Il existe un certain nombre de personnes dont la maladie a été précédée d'un décès, d'un manque affectif grave. Est-ce que le malheur peut faire le lit du cancer? Est-ce que la tristesse n'est pas un encouragement à laisser se développer l'intrus? Le cancer n'est-il pas la réponse du corps à la fatigue de l'âme? Combien de témoignages ne connaît-on pas, faisant état de la disparition du mari qui précéda de quelques mois un cancer du sein, du départ de la femme qui entraîna une période de dépression à laquelle fit suite un cancer digestif, de la perte d'une situation qui précéda l'apparition d'une tumeur osseuse. Chaque fois, la séparation d'avec l'un des soutiens d'une existence, et le déséquilibre ainsi installé dans une vie par cette rupture est un deuil. De ne pas parvenir à vivre *sans*, de lutter désespérément contre cette certitude intolérable, rend malade et de la pire maladie. Chacun fabriquerait ainsi son propre cancer. Mieux, ou pire : chacun serait responsable de son cancer. De là à un sentiment de culpabilité, il n'y a pas loin.

Cette tentative d'explication de la genèse du cancer à l'aide de données psychologiques, même si elle est

143

illustrée d'un grand nombre de récits, d'anecdotes ou de confessions, n'a pas jusqu'ici reçu le moindre début de démonstration scientifique. Un jeune homme a décrit dans un très beau livre comment le cancer avait été la réponse de son être à la vie au sein d'une famille bourgeoise aisée, absente de tout intérêt et de toute chaleur humaine. Mais cette admirable démonstration a été effectuée après l'apparition de la maladie. Et le passé reconstruit à partir d'un accident majeur de l'existence donne aux événements vécus une signification différente de celle qu'en aurait donnée leur relation au jour le jour.

L'individu responsable de son cancer? Ce serait trop simple. Mais c'est aussi cette simplicité que recherchent ceux qui veulent, à tout prix, posséder une explication qui rende compte en totalité d'un phénomène humain encore inconnu dans toutes ses modalités. Que des agressions, des « stress » puissent occasionner une fréquence plus grande de cancers chez les animaux, que le problème demeure posé chez l'être humain, est un fait. Qu'il existe des caractères particuliers, ou comme on dit un profil psychologique particulier chez certains malades cancéreux, pourquoi le nier? Mais la question demeure entière, analogue à celle de l'œuf ou de la poule : est-ce le cancer qui a occasionné ce profil, ou le psychisme qui a entraîné le cancer?

Où cette question devient plus grave et dépasse le cadre de l'explication scientifique, c'est lorsqu'elle déborde le terrain moral. Que certaines personnes soient plus susceptibles que d'autres à l'apparition d'une affection parfois très grave, alors que toutes sont porteuses de possibilités génétiques diverses, que certaines présentent une fragilité héréditaire plus marquée pour certains cancers, que certaines habitudes de vie prédisposent à certaines tumeurs, tout cela commence à être connu. Mais de là à laisser entendre que « n'importe qui ne fait pas un cancer », puis à dire « il n'est pas étonnant qu'il ait un cancer », enfin à proclamer « il a fabriqué son cancer », il y a toute la marge qui sépare l'observation et la recherche de l'affirmation sans preuve. On affirme d'autant plus aisément qu'on ne sait pas. Les tuberculeux du temps passé avaient eux aussi un psychisme particulier; et le terrain prédisposé à la tuberculose, avant d'être celui d'un corps affaibli, amaigri et appauvri, était celui d'un psychisme spécial.

On a pu écrire aussi que parmi dix personnes de sexe masculin ayant eu des rapports avec une prostituée atteinte de syphilis, seuls étaient contaminés non pas ceux présentant une ulcération cutanée par laquelle le bacille pouvait pénétrer, mais ceux qui redoutaient de l'attraper : il aurait suffi de ne pas craindre la maladie pour ne pas l'avoir.

Le circuit est établi pour le cancer comme pour la syphilis, ou la tuberculose : on contracte la maladie parce qu'on est plus faible, on est plus faible à cause d'un malheur qu'on n'a pas pu ou pas su dominer, cette faiblesse est donc d'origine psychique, et comme votre psychisme ne dépend que de vous, c'est vous finalement qui êtes la cause première, inconsciemment. Et la démonstration faussement scientifique et inhumaine s'achève : c'est vous qui êtes responsable, vous avez été malade parce que vous aviez honte ou parce que vous vous sentiez coupable.

De même que le lépreux banni par Dieu, le pesteux maudit par la Société, le tuberculeux victime de ses pulsions avant qu'on ne découvre les bacilles responsables, de même le cancéreux d'aujourd'hui serait d'abord victime de ses pensées. Cette facilité dans l'explication, ce totalitarisme de la simplification, tient lieu de démonstration, jusqu'à ce que la science vienne enfin mettre au jour les causes réelles qui, même multifactorielles comme dans le cancer, sont toujours plus simples.

Non que la lutte contre une maladie déjà installée ne requière pas toutes les forces de l'individu pour parvenir à vaincre. Ni que la tension de tout un organisme, volonté, implication, ne joue un rôle important, parfois primordial. Et que les malades motivés pour combattre, qui mettent en jeu toutes leurs forces pour triompher, réussissent à guérir parfois, au moins à vivre plus longtemps et plus confortablement. Mais cela ne suffit pas. Combien de malades auraient dû guérir, qui malgré un effort admirable ont fini par succomber? Combien de malades qui, laissant aller les choses, ont guéri malgré eux...

L'explication unique n'est presque jamais vraie. Elle présente toujours l'avantage de la simplicité. Cette simplicité qui abuse tant de gens. En présence d'événements aux multiples déterminants, la réduction à une seule explication est toujours plus commode.

CANCER ET MALADIES MENTALES

Le rapport à l'existence des malades cancéreux et des malades mentaux est tellement différent qu'on pourrait presque dire qu'il n'est pas de même nature. Les cancéreux ne veulent pas mourir. Les malades mentaux parfois le désirent ou le recherchent. Les cancéreux veulent vivre à tout prix. Les malades mentaux n'attachent aucun prix à la vie. Les liens des premiers avec la vie sont des attaches douces, parfois tendues, toujours lumineuses. Ceux des autres sont des chaînes sombres, lourdes, toujours douloureuses.

La conduite envers les malades atteints de cancer est facile, presque dictée : les guérir si possible, leur offrir des journées de vie supplémentaires en tout cas. Pas besoin de leur donner le goût de vivre. Au contraire, éloigner le goût de la mort (au prix dans un grand nombre de cas d'un mensonge, d'un faux état de santé). Leur corps est atteint, parfois gravement, mais leur esprit demeure en éveil, continuellement aux aguets, et il leur arrive de refuser les somnifères de peur de trop dormir.

Comment se conduire avec les malades de l'esprit, déprimés, fatigués, dégoûtés, désespérés parfois. Au point que le seul bon moment de leur journée est celui du plongeon dans la nuit du sommeil, et le pire l'appel du jour à vivre? Arriver à leur redonner le goût à la vie. Au moyen de médicaments. De paroles. De présence.

Il est facile d'accéder au désir de vie des cancéreux. Il est impossible d'accéder au désir de mort de certains malades mentaux. Dont l'acuité est parfois d'une terrible clarté. Et, derrière l'écran assombri de leur vision du monde, d'une aveuglante lucidité. Pourquoi suis-je sur cette terre? Qu'y fais-je? A quoi bon? Tout passe, tout est futile. Les saisons s'écoulent, sans trêve. Les jours s'échappent, sans retenue. Les heures fuient, sans fin. Et moi, je ne peux même pas m'arrêter. Emporté dans ce tourbillon qu'on appelle la vie et qui m'engloutit. Autant couler tout de suite. Je n'ai plus d'attache avec la terre. Plus de rapport avec le rivage. Rien ne m'intéresse. Rien ne me retient. Laissez-moi aller. Vite. Etre ou ne pas être, c'est la même chose. Puisque je ne suis jamais vraiment, emporté sans relâche, quittant sans cesse ce que je crois être. Etre, c'est vivre. Vivre, c'est le bonheur, le sourire, le contentement, la paix. Etre, c'est ne pas vivre dans un monde où tout le monde triche, comme écrivait le jeune juif roumain suicidé dans une chambre d'hôtel, dont parle Bernanos.

Petite Mireille qui dit à huit ans : « Maman, pourquoi je suis là? Qu'est-ce que je fais sur terre? », que les accès de mélancolie mènent en service de psychiatrie à plusieurs reprises, qui déclare calmement vers douze ans en montrant le coude ombragé d'une rivière des Deux-Sèvres : « Tiens, c'est là que je finirai ma vie. » A vingt-six ans, on retrouvera son manteau et ses souliers non loin de là : elle était entrée dans la rivière, pieds nus, lentement, pour se noyer. Elle n'avait pas compris le sens de la vie. Elle ne savait pas pourquoi elle était née. Ce que cela voulait dire, ce mauvais rêve. Rien ne la rattachait, ne la tentait, rien ne lui plaisait, parce qu'elle avait compris que rien, jamais, n'a d'importance...

Difficile d'accepter. Le rôle de médecin est celui de défenseur de la vie. De défenseur de la personne humaine aussi. Essayer de ramener les malades égarés sur la route que suivent les autres hommes et les autres femmes, celle du goût de la vie, de la lumière du ciel, du balancement des feuilles, du chant des oiseaux, de la voix familière, de la saveur du vin.

Eviter de qualifier d'accès de dépression les moments de lassitude ou d'angoisse d'un malade sans appréciation précise. Trop facile d'appeler dépression un certain degré de lucidité. Trop facile de se contenter de médicaments antidépresseurs et tranquillisants qui ont souvent pour but de tranquilliser d'abord l'entourage familial et médical.

Et si le fil même précaire des jours retrouvés est saisi à nouveau par la main maladroite de celui qui recouvre l'usage de vivre, le médecin aura fait son métier. Métier difficile. Pas de profession peut-être plus difficile que celle, si souvent décriée, de psychiatre.

C'est que le psychiatre avance sur un terrain miné. S'il veut, au sens propre, entrer en contact avec son malade, il est obligé de franchir la barrière, de quitter la frontière de ce qu'on appelle la bonne santé mentale, le territoire où tout paraît clair, logique et raisonnable, pour pénétrer sur un terrain peu sûr, accidenté, visqueux, où il peut perdre pied à tout moment. Il accepte de marcher sur cette terre inconnue, pleine de dangers, sans indication ni orientation, pour rencontrer l'autre, au raisonnement bizarre, à la démarche capricieuse, l'égaré, explorateur de landes inconnues, de savanes multicolores, de forêts enchantées, de marais maléfiques. Environné de cette poussière glacée et maudite, il risque tout simplement de ne plus retrouver son chemin et de se perdre. D'avoir voulu aller à la rencontre de l'autre lui laissera toujours, une fois revenu sur le rivage aligné de la bonne santé, ce regard parfois lointain, cette démarche parfois heurtée, ce langage parfois désordonné, qui le feront qualifier par les gens normaux de curieux, de bizarre et même d'un peu fou. Tous les psychiatres sont un peu fous, entend-on dire souvent. L'explication habituelle, la plus simple et stupide : c'est pour cela qu'ils ont choisi ce métier. Et si c'était au contraire parce qu'ils avaient choisi de voyager trop loin, de marcher trop à distance? Et que d'aller à la recherche de l'autre, ils se soient au fond un peu rencontrés eux-mêmes, dans ce tumulte des abîmés, et qu'ils s'y soient brûlés?

De se moquer d'un psychiatre qui ressemble à un fou, c'est aussi sot que de rire d'un clown qui a l'air triste. Faisant consciencieusement leur métier, ils savent bien l'un et l'autre que l'envers du décor de la vie est toujours tragique.

DIGNITÉ DE LA MÉDECINE

DÉFENSEUR de la vie. Défenseur de l'intégrité du corps humain : malade, il faut le réparer; menacé, il faut l'aider. Aucun médecin qui ne donne ce sens à l'exercice de sa profession, aucun être humain qui ne donne ce sens aux progrès de la civilisation. Pourquoi donc faut-il admettre que certaines pratiques avilissantes et meurtrières aient encore lieu dans certains Etats, et même soient importées dans nos pays?

Deux petites filles sont mortes en 1984 à la suite d'une opération effectuée à domicile, qui porte le nom d'excision et d'infibulation. L'organe sexuel de la petite fille doit être protégé jusqu'à son mariage contre d'autres prétendants que l'Homme à qui elle est vouée (on lui coud les grandes lèvres) et contre un plaisir personnel (on coupe le clitoris et les petites lèvres).

Dans un pays où l'exercice illégal de la médecine est sévèrement puni, on laisse s'effectuer ce qu'on ose à peine appeler une intervention chirurgicale sur une table de cuisine. Il est de beaux esprits à vocation ethnologique pour justifier cet état de choses, de belles âmes à vocation traditionaliste pour accepter cet état de fait : « Que voulez-vous? On ne peut rien faire contre la tradition, on ne peut pas s'opposer à une vieille coutume, ça fait partie de leurs us, de leurs habitudes, de leur civilisation. »

Pourquoi une loi n'est-elle pas promulguée dans notre pays d'abord, avant de s'étendre aux autres, pour interdire de telles pratiques? Parce qu'on a le respect des traditions? De ce qu'on appelle avec condescendance la différence? Ou plus simplement parce que les lois sont érigées par des hommes? S'il s'agit vraiment d'un modèle culturel, pourquoi ne pas admettre alors que certains tribunaux ethniques particuliers coupent la main des voleurs? Pourquoi ne pas admettre non plus comme modèle culturel l'usage de la drogue qui affaiblit l'esprit mais le calme, qui obnubile les pensées mais les adoucit, qui supprime le sens des responsabilités mais permet d'accepter n'importe quel ordre social? Seulement, on en a peur parce qu'on redoute la contamination. Pour nos enfants. Tandis que les petites filles d'Afrique... les nôtres ne risquent pas d'être contaminées. Faux respect d'autrui et de sa civilisation. Comme si la petite fille noire ne souffrait pas autant que la blanche? Comme si elle n'était pas aussi proche de nous que l'autre? La souffrance humaine est la même à travers les continents, et ceux qui la tolèrent se conduisent en tortionnaires passifs.

Défenseur de la vie; allié de la vie contre la mort. Défenseur de la personne humaine; allié de l'être humain contre la bête. L'exercice de toute profession s'accompagne de règles de conduite, s'ordonne selon un code secret qui la régit, et dont la transgression disqualifie et déshonore celui ou celle qui y cède.

Qu'un militaire torture, c'est inadmissible. Inhumain. Horrible. Indigne, disent tous les porteurs d'uniforme qui ont gardé un sens de l'honneur. Un militaire a choisi ce métier pour défendre son pays, pas pour amoindrir l'ennemi. Pour aider ses compatriotes, pas pour torturer l'adversaire. Pendant l'occupation de l'Europe, nombre d'officiers de l'armée allemande refusaient même de croire aux méthodes sordides de la Gestapo. Malheureusement, c'est entré dans les mœurs. La technique de la torture a même été dans certains cas codifiée : sa gradation, ses limites. La contagion est telle que, dans la plupart des armées du monde, c'est un fait. Pour un militaire, qui doit obtenir des renseignements, c'est admis. Aux militaires dignes de ce nom de s'ériger en juges pour les éliminer de leurs rangs.

Mais un médecin ? Dans une prison d'Amérique du Sud, qui porte par dérision le nom de Liberté, les prisonniers ont la tête recouverte d'une cagoule noire sans fentes, leur interdisant de distinguer le lieu même où ils sont emprisonnés, et le visage de ceux qui, pendant deux semaines, les malmènent, les pendent par les mains reliées derrière le dos, cognent leur visage, leur fouettent la plante des pieds, blessent leurs organes sexuels : avec un courant électrique d'intensité variable chez les hommes, en faisant pénétrer des objets de dimensions variables chez les femmes. Et lorsque la résistance de la victime paraît s'affaiblir et sa vie menacée, « Basta » entendent les prisonniers avant de s'effondrer : c'est un médecin, assistant et complice des tortionnaires, qui décide d'arrêter pour la journée, de peur d'aller trop loin.

Faux médecins de différents pays, du Sud et du Nord, de l'Est et de l'Ouest, qui violez le serment que vous avez prêté et qui date de 3 000 ans, vous vous mettez en dehors de votre profession. Que vous assistiez à l'humiliation corporelle de détenus brutalisés par le fouet ou par l'électricité pour obtenir d'eux des aveux, que vous participiez à l'humiliation intellectuelle d'opposants tranquillisés par des drogues pour obtenir d'eux la remise en ordre de pensées folles, vous êtes de toute manière maudits, et vous le savez bien. Vous avez accepté de franchir la frontière infranchissable, vous avez accepté de dépasser la limite indépassable, de traverser le fossé de la honte, et vous vous trouvez dans le camp de votre métier perdu, de votre choix perverti, de votre vie souillée. Les ordres supérieurs, l'intérêt, l'opportunisme ont eu raison de vous. De toutes celles qu'à travers tous les pays du monde on appelle les prostituées, vous n'arriveriez même pas à soutenir le regard. Ceux qui les soutiennent n'ont jamais pu obtenir d'elles ce que les proxénètes qui vous dirigent ont pu obtenir de vous : une déchéance de votre personne, une perte de votre jugement. Auprès de cette obscénité-là, de cette perversion sociale, quelle obscénité sexuelle pourrait jamais rivaliser? Et il arrive, tel est le degré de votre dépravation, que vous essayiez parfois de justifier vos actes...

On ne peut évidemment espérer dans notre pays un Code de Déontologie politique interdisant à un tortionnaire de briguer les suffrages de ses concitoyens, le représentant d'assassins en puissance demeurant, en démocratie, légal.

Mais à quand le Code International de Déontologie Médicale interdisant à tous les médecins du monde de participer à des actes de torture ou d'humiliation de la personne humaine? Quelle qu'elle soit. Où que ce soit. Et mettant publiquement au ban de la Médecine et de l'Humanité ceux qui y participent.

A quand l'Ordre International de la Médecine, s'efforçant de défendre les simples droits du citoyen malade, humilié, prisonnier, indépendamment de toute autre qualité que de celle d'être humain, quels que soient sa peau, sa langue, son sexe ou ses coutumes?

L'interdiction de la souffrance humaine allant d'ailleurs de pair avec celle de la souffrance animale, d'un être vivant. Il s'agit du même combat.

LA SCIENCE AUX DEUX VISAGES

DÉTOURNEMENT de la médecine, détournement de la science? Tel Janus, la science aurait deux visages, le bon et le mauvais? Le bon, celui des scientifiques, et le mauvais, celui des utilisateurs? Texte soumis à la Convention européenne : « Les connaissances scientifiques sont bonnes par elles-mêmes, seule l'utilisation qu'on en fait pose souvent des problèmes. » La science, telle la langue d'Esope, merveilleuse aventure intellectuelle pour les uns qui trouvent le secret de l'atome, horrible dépravation pour les autres qui utilisent ce secret dévoilé pour détruire plus encore. On ne peut pas séparer si aisément théorie et pratique. Opposer à ce point scientifiques et utilisateurs.

Vous ne vouliez pas que la beauté de la découverte, le dévoilement d'un des secrets de la nature et de la vie ne soit suivi ou ne s'accompagne de tout ce pourrissement. Vous ne vouliez pas de cette utilisation à des fins mercantiles. Vous ne vouliez pas de cette dépravation à des fins meurtrières. Désolé, messieurs! Cela était dans le paquet. Vous ne pouviez pas l'éviter. Il fallait choisir. Il est trop tard pour dire, comme des innocents que vous êtes, « Je n'ai pas voulu cela ». Si, vous le vouliez. Ou bien sans le savoir, et vous avez fait preuve d'absence de lucidité. Ou bien en le sachant, et vous faites aujourd'hui preuve de cynisme. Il faut accepter jusqu'aux conséquences de ses actes. Comme si on les avait voulues. Sinon on est un irresponsable. A quoi bon trouver, si c'est seulement pour s'amuser, pour rire? On ne fait jamais rien seulement pour rire.

La déification de grands scientifiques a quelque chose de ridicule. Il n'est pas vrai que le savoir de la science est transmuté en pouvoir par certains, le savoir donne toujours le pouvoir. Au XVIIᵉ siècle, déjà, Francis Bacon écrivait : « Savoir et pouvoir ne font qu'un. » Il s'agit seulement de le reconnaître et, le sachant, de se méfier, d'accepter de se laisser remettre en cause, à défaut de se remettre en cause soi-même. Ceux qui savent ne sont pas meilleurs que les autres. Ils sont autres et en général au-dessus. Alors, arrêter la science parce qu'elle est grosse de tels drames? Impossible. Le désir de connaître, la soif de trouver, la volonté de percer les secrets de la nature sont tellement inscrits au cœur de l'être humain, comme un virus rongeur et immortel, qu'il voudra toujours en savoir plus, aller plus loin. Dût la terre sauter et le monde que nous connaissons disparaître. Alors? Continuer à avancer sur cette route bordée de précipices et de collines fleuries, que suit depuis les premiers âges l'espèce vivante, qui a abouti à cet être de cent cinquante livres, porteur d'un cerveau de trois livres, souvent trop lourd pour lui. En se disant que le pire ne pourra être écarté qu'en y pensant toujours. Si on laisse aller les choses, elles vont toujours mal, vers le bas plutôt que vers le haut. Ne pas désespérer. Mais être sans espoir, sans illusion. L'illusion est la pire des erreurs et parfois le pire des crimes parce qu'une illusion déçue est la mère des pires écarts, des pires égarements. Et le propre d'une illusion, c'est d'être déçue. Combien de membres d'un parti politique qui, déçus, se sont retournés contre lui avec une violence d'autant plus aveugle qu'étaient grandes leurs illusions et leur aveuglement antérieurs! Combien d'idéologies créatrices de massacres au nom de l'illusion d'un homme meilleur! Identique à lui-même de toute éternité, évoluant à peine d'âge en âge, l'être humain n'a pas de qualité en soi. La plus évoluée des espèces vivantes actuellement connues, c'est tout.

Doué du langage. Le langage qui permet tout. Avec, au sommet de la pyramide, le poète. Celui qui fait le monde parce qu'il est le seul à savoir, à le dire. A se tromper souvent. Mais à dire la vérité toujours.

L'homme de science ne se trompe pas. Mais il ne dit jamais la vérité, dépassé par les années qui viennent et qui prouvent que ce qu'on prenait pour une vérité absolue n'était qu'une vérité relative. Les biologistes contemporains ont découvert avec délices que le système d'histocompatibilité tissulaire permettait de prouver la spécificité de chaque individu et d'affirmer qu'aucun d'entre eux, en dehors de ceux tirés à plusieurs exemplaires comme les jumeaux, n'était semblable en tout point à un quelconque être vivant ou ayant vécu. Ce que les poètes grecs avaient déjà écrit il y a trois mille ans et que Goethe avait repris : Tout homme est éternel à sa place. Ils se ressemblent tous et ils se distinguent tous.

La nouvelle participation des religions contemporaines à la vie sur terre est d'une importance considérable. Même si la vie n'est que transitoire, même si la mort n'est qu'un passage, la science a creusé en chacune d'elles une faille. Elle a érodé la muraille de l'explication universelle qui se ramène à une seule : la Terre est le centre du Monde, l'Homme le centre de la Terre, et cet anthropomorphisme à l'échelle planétaire existe encore chez la plupart des croyants et même d'un grand nombre d'êtres. Mais le doute existe grâce à la Connaissance, fruit du péché. A un certain niveau, toutes les religions sont obscurantistes puisque leur lumière, limitée, mais qu'elles considèrent universelle, se suffit à elle-même – et que toute ouverture vers ce qui était jusqu'ici caché leur est nuisible. La religion condamnera toujours Galilée, pour l'acquitter quelques siècles plus tard. « Vive la Science, messieurs », a pu dire récemment le pape, qui aurait pu ajouter : « Vous n'arriverez jamais à tout trouver : l'inconnaissable ultime, même de plus en plus réduit, l'irréfragable, ce petit rien qui vous manquera toujours, c'est pourtant cela le plus important. Cette marge infranchissable de la connaissance qui, au fur et à mesure qu'elle devient de plus en plus étroite, apparaît de plus en plus profonde. Cette attitude-là, d'inconnaissance humaine, nous l'appelons, nous croyants, l'incertitude humaine et la certitude divine. Vous n'y pouvez rien. Quelque chose est là que vous ne pourrez pas toucher et que vous ne ferez qu'entrevoir de votre vivant... »

Jamais la connaissance n'abolira la croyance. La croyance se nourrit d'elle-même, la connaissance se nourrit des autres et des choses.

RÉVÉREND PÈRE LANCELOT

« ALLÔ, docteur?

– Oui.

– Ici Lancelot.

– Bonjour, mon père.

– Bonjour. Vous vous doutez que si je vous appelle de bon matin, c'est que j'ai besoin de vous.

– Pas pour vous?

– Si.

– Merde.

– Merde, comme vous dites. Je crois que j'ai une saloperie aux poumons. A force d'avoir fumé, ça devait m'arriver.

– Alors?

– Alors, il faut qu'on se voie.

– Sûrement, et assez vite.

– Où ça?

– Chez vous, ce sera plus simple.

– Oui, c'est mieux. Ça m'embêterait de venir à l'hôpital, dans un centre spécialisé. »

Vendredi matin, le médecin se rend au presbytère et monte à pied les quatre étages de cette maison sans ascenseur qui le mènent à la chambre, ou plus exactement à la cellule dans laquelle vit le père Lancelot. Deux pièces, et dès l'entrée ce mélange d'ordre et de laisser-aller d'hommes qui vivent seuls sans avoir de comptes à rendre à personne d'autre qu'à eux-mêmes. Le père Lancelot est habillé simplement, et on le devine très maigre sous le pantalon noir et le pull-over à col roulé gris, dont émerge un visage pâle, presque blanchâtre, aux joues ridées, aux yeux pochés.

« Bonjour, mon père.

– Bonjour. C'est sympa d'être venu. Eh bien, voilà ! »

Et il tend immédiatement des clichés radiographiques. Au niveau du poumon droit, aucun doute, une image presque caractéristique, très en faveur d'un cancer, comme disent certains médecins objectifs.

« Il faut faire une fibroscopie.

– Ça servira à quoi ?

– A apporter la certitude.

– Que c'est un cancer ? Et après ?

– Après, on traitera.

– Vous croyez ?

– Ce sera à vous de décider. Mais au moins pourra-t-on discuter en connaissance de cause, de la cause. A propos, qu'est-ce qui vous a poussé à faire ces radios ?

– Je tousse un peu trop. »

Il sort une cigarette de son paquet.

« Je peux ?

– Au point où vous en êtes...

– Evidemment... »

Il allume une cigarette. Il tire quelques bouffées :

« Maintenant, il faut que je vous raconte un peu ma vie. Pour que vous sachiez où j'en suis. Et où je ne souhaite pas aller. J'ai vécu en province. J'ai commencé des études de lettres. J'ai eu des aventures amoureuses. De toutes sortes. Puis je me suis mis à croire en Dieu. Je suis entré au séminaire. J'ai eu des difficultés. J'en ai encore. J'ai cherché, étudié : psychologie, sociologie, politique, médecine. Je ne suis pas malheureusement la brebis douce et rangée, mais je ne suis et ne serai jamais la brebis égarée. Ici, les copains curés sont gentils avec moi... »

Il raconte tout cela, assis sur sa chaise, derrière son bureau :

« ... Il y a une personne que j'aime encore depuis des années, elle est mariée (c'est moi qui les ai mariés), elle a des enfants. Je les vois tous les deux de temps à autre, c'est une de mes raisons de vivre. Et encore... Je me demande si je vais me soigner... Bien sûr, vous me direz que si je vous ai appelé, c'est que, quelque part, j'ai déjà pris la décision... »

« Quelque part », qu'est-ce que ça veut dire, ces deux mots qu'on rencontre dans toutes les conversations, dans toutes les réunions, du sociologue au psychologue, du professeur à l'étudiant, et si l'on fouillait un peu où ça siège, ce quelque part. Qu'on ose à peine situer. Dans le cœur. Et Lancelot reprend, après un silence :

« A propos, je sais que vous êtes, comment dit-on, mécréant? Vous n'êtes cependant pas sans savoir quel jour nous sommes aujourd'hui?

– Tout de même, mon père, ne me prenez pas pour un inculte. Je sais que nous sommes Vendredi saint. Et je sais aussi ce que cela signifie quant à la souffrance de l'homme qu'on célèbre aujourd'hui, et le courage avec lequel il a su l'affronter. »

Il tire quelques bouffées de sa cigarette.

« Je n'ai qu'un frère. Je ne souhaite pas l'inquiéter trop. On décidera de ce qu'on devra faire après un diagnostic certain. »

La fibroscopie est effectuée deux jours plus tard. Le diagnostic est confirmé : cancer du poumon. Nouvelle visite au presbytère. Quatre étages. Ça va être dur à

162

grimper, pour lui, dans quelque temps. Comment le lui annoncer?

Sonnette.

« Entrez. »

La porte laissée entrouverte est poussée.

« Bonjour, dit-il, c'est un cancer?

– Oui... Vous auriez peut-être préféré ne pas le savoir.

– Vous êtes fou. Pas question. A présent, puisque j'ai commencé à me confesser à vous... »

On a beau ne pas être croyant, être passé à côté de Dieu, n'avoir pas besoin de ce service spirituel, on n'est quand même pas sans savoir la signification culturelle de la confession, et que ce soit un étranger à son royaume qu'il rende dépositaire de ses pensées et de sa situation morale, le médecin en est profondément troublé.

« ... Je dois vous avouer qu'aujourd'hui j'ai eu une angoisse terrible à la pensée que j'allais mourir. Terrible et presque insoutenable. Au point que, j'ai presque honte à le dire, j'ai pensé à arrêter de vivre plus tôt pour ne pas continuer à vivre dans cette angoisse, dans ce doute terrible... Après... Qu'est-ce qu'il y a Après?... »

Et il voulait dire aussi : y a-t-il seulement quelque chose? Ainsi, ce prêtre qui va mourir ne se sent pas tranquille, il n'est pas très sûr de rencontrer son Dieu, il le désire, il le veut, il ne sait pas s'il peut l'atteindre. La plus grande foi n'est pas, contrairement à ce que de vaines personnes pensent, la plus grande certitude. Ce peut être le plus grand doute. L'objet propre de la foi est de croire à ce qui n'est pas mais qui doit être et qui sera par la volonté. Croire, c'est finalement croire en sa propre volonté. Si j'arrête de croire, c'est que ma volonté lâche, c'est que je craque. Ceux qui racontent « Dieu existe, je l'ai rencontré », laissons-les à leur tranquillité quotidienne, ils ont une croyance, ils n'ont pas la foi. Pour d'autres qui doutent souvent, et plus à la dernière heure que jamais auparavant, c'est un choix, un désir, une volonté. C'est le pari sacré qui engage toute l'existence de Pascal qui gardait sur lui, en permanence, dans la doublure de sa veste, la preuve de la minute illuminée où la certitude était apparue – Blaise Pascal, philosophe du doute? Bon père Lancelot, désemparé, triste et courageux, qui trouviez la force d'entrouvrir vos paupières pour offrir un petit sourire bleu, vous avez appris ce jour-là à un mécréant, comme vous dites, que Dieu était pour certains la recherche de l'impossible – et vous saviez bien qu'à l'impossible nul n'est tenu, pas même Dieu, et qu'il n'est pas forcé de nous apparaître.

« Maintenant, reprend le père Lancelot, j'ai décidé de me soigner. On verra bien. Mais, surtout, pas d'opération.

– D'accord. Chimiothérapie.

– Oui, mais pas trop lourde. »

Rendez-vous est pris pour après Pâques, puisqu'il souhaite passer les fêtes auprès de son frère.

Un premier traitement est effectué dans un hôpital général, non spécialisé, dans un service dont le chef accepte de prêter une de ses chambres, et qui découvrira, avec un doux étonnement, que le malade étranger qui vient d'entrer dans son service est l'homme qui l'a marié en province il y a près de vingt ans.

Hospitalisé, le père est plus calme.

« A présent, je me soigne, mon angoisse a disparu, je vis, je lutte. Ça va mieux. Je mange. Je suis même allé récemment au V..., le meilleur restaurant de Paris. Je suis un copain du patron, et il était étonné de me voir manger de tout pour la première fois depuis des mois.

– C'est bon au V...?

– Vous parlez! Tenez. Je vais vous donner un petit morceau de cette dodine de canard. Vous verrez. »

En fin de consultation, le médecin et deux infirmières dégustent la dodine en admirant plus encore ce curé qui a des amis si bons cuisiniers.

L'image radiologique s'améliore. La vie peut reprendre. Son travail aussi. Encore que certains ennuis vasculaires sérieux feront hésiter à reprendre un traitement intensif par crainte de troubles cardiaques.

Il fait quelques séjours à l'hôpital. Il attend parfois sagement sur une chaise dans une salle ou un bureau que sa chambre soit prête. Patiemment. Sans rechigner. En allumant parfois une cigarette, petit outil avec qui il partage quelques minutes de solitude avant d'aller retrouver les autres. Il repart dans sa chambre du 4e étage pour y écrire, y méditer, y souffrir un peu parfois. Il repart quelques jours voir son frère en Bourgogne pour quelques bonnes blagues et un peu de bon vin.

Un mois plus tard, alors qu'il s'était endormi calmement la veille après avoir pris rendez-vous avec ses copains curés du presbytère pour la rencontre du lundi de Pentecôte, il ne s'est pas levé. On l'a d'abord cru trop fatigué. Lorsqu'on est allé le chercher dans sa chambre, il dormait paisiblement dans son pyjama. Il n'allait plus jamais se réveiller.

Il n'aura pas eu à affronter les souffrances et les humiliations d'une fin de vie douloureuse. S'est-il aidé lui-même? A-t-il été aidé par ce qu'il aurait volontiers appelé la Providence, sous forme d'une seconde maladie, de l'aorte, révélée par l'examen attentif ultérieur de clichés radiographiques de l'abdomen? Il emporte avec lui, comme tous les hommes, le secret de sa vie.

En apprenant sa mort, le médecin, une fois passées les longues minutes de tristesse de le savoir disparu de sa vie, s'est mis à penser avec un certain soulagement que, pour la première fois depuis de longues années, le père Lancelot était en paix. Du Vendredi de Pâques au Lundi de Pentecôte, il aura crânement vécu, sans mentir aux autres et sans se mentir à lui-même, acceptant la vérité de tous les jours pour essayer de trouver sa vérité plus profonde.

Si on lui avait menti, on l'aurait mis sur la touche avant la fin de la partie. On l'aurait éliminé. Les malades condamnés auxquels on cache la vérité sont écartés de la vie quotidienne, celle du travail, des ennuis, du doute, des petites tracasseries. Ils ne sont pas encore morts mais ils ne sont déjà plus vivants. On a commencé leur agonie. La vie, c'est l'échange. C'est le regard rendu. C'est le sourire qui doit être de sympathie et jamais de pitié. C'est la parole qui doit être de franchise et jamais de circonstance.

Délester un individu de la réalité de son destin conduit à l'arrêter, à le figer, il ne pourra jamais plus faire ni paraître autre chose. Et on l'empêche peut-être d'accéder à un autre savoir. Tel Karajan, avec sa boiterie, sa démarche heurtée et maladroite en arrivant sur le podium et qui, le concert une fois terminé, en redescend presque aisément, allégé par l'effort, la douleur oubliée, ayant acquis pendant la direction et l'écoute de la symphonie, un autre mode de connaissance – le malade affaibli peut parfois trouver, en connaissance de cause, la paix des profondeurs.

MONSIEUR CHABRIER

Pourquoi arrive-t-il accompagné de sa femme, ce M. Chabrier? Cinquante ans, petite moustache grise, cheveux gris et lunettes. Elle est de dix ans plus jeune, brune, et c'est elle qui parle :

« Il n'osait pas venir, je l'ai poussé. Il n'en peut plus. Parle, je t'en supplie.

– J'en ai assez. Ça fait deux ans que ça dure. Et deux mois que les douleurs augmentent. Pas un seul vrai calmant.

– Je vais vous faire une ordonnance.

– Ce sera un vrai calmant?

– Oui. Vous le prendrez régulièrement toutes les six heures ou toutes les quatre heures et vous n'aurez plus mal.

– Non, je voudrais un cachet à prendre une seule fois.

– Ça n'existe pas.

– Tant pis. Ce ne serait pas pour tout de suite. C'est pour quand ça ira trop mal. Mais je veux bien essayer votre truc.

– Commencez donc avec ça. On verra plus tard pour le reste si ça devient nécessaire. Je passerai vous voir.

– C'est vrai? »

Ils repartent.

Bizarre, cette demande, cette femme, ce désespoir sans larmes, presque sans émotion, cette simplicité de la demande. Comme si cela allait de soi... Comme si une demande de cet ordre pouvait être honorée facilement, immanquablement.

Ils reviennent en consultation une semaine plus tard. Lui boitillant.

« Ça va un peu mieux. Ce n'est tout de même pas terrible. C'est les nuits surtout. »

Ils s'en vont, avec une nouvelle prescription. Ils ne font plus alors que téléphoner. C'est sa femme qui vient seule chercher les ordonnances régulièrement chaque semaine.

« Vous viendrez, docteur, si on vous appelle? Vous viendrez? »

Un dimanche soir, vers onze heures, elle appelle :
« Il faudrait que vous veniez, il souffre trop. »

Avenue de Tours 72, bât. B – 7e étage – 2e porte droite. Une H.L.M. près d'une porte de Paris. Les tragédies se jouent dans des immeubles construits au rabais. Il faut essayer de trouver le bâtiment sans demander à la concierge. Il est d'ailleurs trop tard et elle dort. Avenue de Tours, deux entrées, 70, 72. Un seul immeuble. Et pas d'inscription dans l'ordre. Bâtiment A, bâtiment C – où est passé le bâtiment B? On finit par trouver. L'ascenseur marche... Au septième étage, plusieurs portes. La droite, c'est par rapport à l'escalier ou par rapport à l'ascenseur? Heureusement, ils arrivent du même côté. A peine approché de la porte et sonné, elle s'ouvre.

Mme Chabrier, longue robe bleue jusqu'aux chevilles, le visage maquillé sans excès, avec deux puits noirs au-dessous des sourcils.

« Merci d'être venu. Venez le voir. Il souffre depuis cet après-midi. Malgré les cachets que vous avez donnés. J'ai eu beau doubler la dose. »

M. Chabrier est allongé sur le lit, habillé, avec ses lunettes.

« Je ne peux pas envisager de passer une nuit comme la nuit dernière. Madeleine, allume la grande lumière. Il n'y aura plus de nuit. Je voudrais vous dire, docteur... »

Et il va commencer à expliquer, à s'excuser, à se justifier, la parole facilitée, emportée par l'association des drogues déjà administrées et du court chemin qui reste à parcourir.

« Vous savez, je parle facilement, je suis représentant de commerce. J'aimais bien voyager et je voyais du pays. Ça changeait à chaque fois. Je pouvais difficilement rester longtemps en place. Aussi, depuis quelques mois, c'est pire que tout, cette maison, cette chambre, ces murs, ce n'est plus une vie, c'est l'antichambre de la mort. Je n'ai jamais aimé faire antichambre. Dans mes voyages, je préférais repasser. Alors, aujourd'hui, terminé. L'attente, terminé. D'accord, docteur? Comment allez-vous faire?

– Ne vous inquiétez pas. »

« Je n'ai jamais aimé faire antichambre. » Il ne pouvait supporter l'entre-deux. Autant y aller tout de suite. Certains ne peuvent supporter qu'on les fasse attendre longtemps avant d'entrer. Et pourtant quelques ministres s'y entendent, des patrons, des grands administrateurs. Elle aussi, la Camarde, elle s'y entend parfois! Alors autant forcer la porte. Elle vous veut à sa main, à son jour. Très peu pour moi! Tant de gens pour qui la vie n'est autre que l'antichambre de la mort. Ils font antichambre toute leur vie. Les uns ne savent pas, croient que leur chambre est close et que la porte d'à côté, derrière laquelle elle trône et où elle sait que nous allons tous entrer un jour, est murée. S'ils pouvaient, s'ils voyaient, ils seraient éblouis. C'est peut-être cela, l'effet de la révélation sur certaines personnes aveugles jusque-là : de leur révéler l'existence de la porte négligée et méprisée, et de prendre connaissance des véritables dimensions de la pièce où ils séjournent depuis leur naissance.

Leur pièce de vie se trouve soudain éclairée par le dessin de la porte fermée : ils en découvrent alors toutes les beautés et les laideurs, qu'ils ne distinguaient pas. Ils deviennent plus lumineux ou plus sombres pour eux-mêmes, et pour les autres. Sorte de masse de chair parlant depuis l'école, sans fonction précise, sans goût assuré, leur contour se trace soudain : ils peuvent mourir, ils sont mortels, donc ils existent.

Elle était à côté de moi et je ne le savais pas. Ni devant. Ni derrière. A côté. En permanence. Elle m'attend sans me guetter. Satanée compagne. Je viens d'avoir le secret. Le ver était dans le fruit. Le grand secret de l'existence, c'était donc ça? Cette mort dans la vie, ce vertige des profondeurs quand je me mettais à creuser et que j'approchais de rien, c'était donc cela : la vie a un envers...

Le médecin part dans la pièce à côté pendant que M. et Mme Chabrier restent seuls pour se dire au revoir.

« Docteur, il vous attend.

– Madame, il vaut peut-être mieux que vous ne soyez pas là.

– Oui. »

Elle se retire à son tour dans la pièce commune. Très calmement, il déclare :

« Cette fois, je vais bien dormir. » Et il s'endort doucement...

Le médecin ressort. La femme :

« Alors?

– Il dort.

– Pour de bon?

– Oui. Vous pouvez entrer.

– Qu'est-ce qu'il faut faire maintenant?

– Lui faire sa toilette, l'habiller.

– Il a préparé ses affaires. »

Elle l'embrasse, le lave, le change, l'installe sur son lit. Puis le médecin s'en va.

« Ce n'est pas très beau ce que j'ai fait, madame.

– Si, vous l'avez libéré. Au revoir, docteur. »

Le médecin appelle l'ascenseur. Au moment d'ouvrir la porte, Madeleine, la femme du V.R.P., celle qui a dû l'attendre si souvent, et qui maintenant marche pieds nus comme un hommage respectueux à la terre qu'il va retrouver, revêtue de sa longue robe bleu nuit qui descend jusqu'aux chevilles, robe du soir de leur dernière soirée, demande au médecin, devant l'ascenseur :

« Vous permettez, docteur? »

Et, montée sur la pointe des pieds, elle l'embrasse fort sur les deux joues.

VIVRE

ON parle de plus en plus souvent de la mort. On écrit. On la montre. Elle est cependant pour chacun de nous à la fois de plus en plus proche – on nous la fait voir à la télévision venant de toutes les parties du monde – et de plus en plus lointaine, puisque ce n'est jamais la nôtre et que cette expérience-là nous ne la ferons qu'une fois : seule expérience de notre existence que nous ne pourrons jamais raconter. C'est peut-être cette absence de récit après, cette douleur, qui a fait inventer qu'un jour, dans les siècles des siècles, certains seraient à même de raconter (croire, c'est toujours croire en la résurrection), de resurgir du néant, définitif pour les uns, provisoire pour les autres, où ils auront été jetés il n'y a pas si longtemps.

Il faut admettre que la vie n'est pas un substantif vide. Vie = liberté = dignité. Une vie indigne n'est plus une vie : plutôt mourir qu'être esclave. Une vie servile n'est plus une vie. La Vie à tout prix, pas à n'importe quel prix. Les peuples veulent la Paix à tout prix, pas à n'importe quel prix. L'histoire est pleine de ces peuples qui ont préféré mourir debout que vivre couchés. Et c'est avec ce commerce (tout vaut mieux que mourir) que les individus et les peuples sont maintenus en esclavage. La peur de mourir est le commencement de la folie. La peur de vieillir est le commencement de la lâcheté. La peur de naître serait le commencement de la sagesse. Et la vie ne se conçoit que debout.

Le petit être humain arrive sur terre aujourd'hui aussi nu qu'il y a des centaines d'années. Il va lui falloir apprendre. Il ne s'est pas génétiquement modifié au cours des siècles. Pas plus intelligent qu'Archimède, pas plus sensible que Platon, pas plus poète que Lucrèce, pas plus lucide qu'Héraclite. Il est toujours aussi difficile aujourd'hui d'apprendre à vivre. Et on n'apprend que seul. Car personne ne peut être votre professeur. Il n'y a pas de pédagogie de la vie. La mort est inacceptable et elle est. Le seul dépassement de soi, c'est l'amour. Amour d'un être, d'une terre, d'une œuvre.

Revoir Madame X, voir Monsieur Y, déjeuner avec Un tel, écouter Beethoven, Bach, Charlie Parker ou Lester Young, aller en vacances à tel endroit, voir Rembrandt, Goya, Braque ou Van Gogh. Plaisir du corps, plaisir des lieux. Notre vie n'est que la quête d'instants privilégiés qui semblent représenter le bonheur, conditionné par l'oubli du reste, seul sens donné à une vie dont on connaît le dénouement.

Le grand secret, en même temps que celui de la plus grande évidence : on va mourir et on n'en sait rien. On le sait et on n'en croit rien. Définition suprême du secret : ce qu'on est seul à savoir et qu'on ne peut pas partager.

La crainte d'approcher le malade condamné, souvent liée au sentiment de l'impuissance médicale, est parfois expliquée d'une autre manière. On a calculé dans un service hospitalier, montre en main, que médecins et infirmières se rendent dans la chambre d'un malade condamné une fois trois quart moins vite que pour aller auprès d'un malade qui va vivre. Comme attirés par le malade qui va pouvoir continuer et éloignés de celui qui va bientôt arrêter.

Il est courant d'entendre donner de cette attitude une explication simple : la mort d'un malade rappelle au médecin sa propre mort, la mort d'un être humain nous ramène à notre mort. Et on excuse ainsi cette distance supplémentaire tracée pour le malade, ainsi doublement écarté : du temps des autres qui va continuer sans lui, et de ceux et celles qui devraient l'approcher de plus près.

Bonne excuse mais mauvaise raison. On hésite à aller à son chevet parce qu'on doute de pouvoir lui être utile. Rien ne peut nous rappeler notre propre mort avant notre mort. La disparition d'une personne si proche soit-elle ne nous rappelle pas la nôtre, même si elle nous amène à penser à la fragilité de la vie humaine. Le chagrin éprouvé au contraire, c'est celui de savoir que notre vie va continuer, sans elle, sans lui. C'est plus notre vie à venir attristée que notre mort à venir ressentie. Il n'y a pas de transposition des existences. Personne ne peut nous remplacer, prendre la place que nous avons occupée. Comme nous ne pouvons prendre la place de personne. Il faudrait alors croire qu'un médecin ou une infirmière souhaite mourir à la place du malade. L'expérience ultime de notre existence, nous ne la vivrons qu'une seule fois. Elle n'est partageable par personne.

Un grand médecin a déclaré solennellement un jour qu'il respectait trop la vie pour pouvoir accéder au désir, à la demande d'un malade si insistante ou désespérée soit-elle. Heureux médecin qui décide, dans la paix de sa conscience. Comme si une conscience pouvait jamais être en paix. Ce sont les déchirures de notre conscience qui font le sillage de nos heures passées – et que certains naïfs ressentent avec l'inaccessible désir : comme j'aimerais avoir vingt ans de moins et savoir ce que je sais. Impossible passé reconstruit. Les matériaux ne seraient pas les mêmes. Pas plus que la pierre éclairée par le soleil couchant n'est semblable à celle de l'aube naissante. On ne fait jamais du neuf avec du vieux, on fait autre chose. Et si l'on est capable de donner naissance, même âgé, c'est toujours la part la plus jeune de soi qui est transmise.

Etre vieux, c'est perdre la faculté d'adaptation. A l'environnement, qui change. Aux autres, qui arrivent. Au monde, qui se modifie. A la vie, qui continue. Ce qu'on a coutume dans toutes les sociétés d'appeler la sagesse, la peur du renouveau, le maintien de ce qui existe, de ce qu'on a parfois eu tant de mal à être et qu'il faut sauvegarder. La peur de perdre. La peur du risque. L'assurance contre demain.

Dans cette sorte de course d'élimination que constitue la vieillesse, au cours de laquelle ceux qui survivent semblent ne pas éprouver tant de peine en voyant s'arrêter derrière eux ceux et celles qui furent parfois des compagnons ou des compagnes de voyage, des amis de toute une vie, quelque chose de plus fort que la tristesse s'empare d'eux : le sentiment de triompher, de rester un peu plus tard, comme un enfant à la veillée familiale : les vieillards ressemblent à ces enfants qui s'attardent, heureux qu'on les accepte, et qui font le moins de bruit possible pour ne pas gêner, pour ne pas déranger, pour ne pas risquer d'être renvoyés.

Tout jeune participe de l'innocence du monde. C'est l'âge des révolutionnaires, parce que la jeunesse déteste l'hypocrisie qui est le ciment des sociétés arrivées. Et les jeunes ont toujours raison de vouloir que les choses aillent dans cet ordre qui est le véritable ordre des choses, de la vie, de la création, de la mouvance, du changement. Et ils ont toujours tort puisqu'elles ne vont jamais vraiment dans ce sens. Toujours vrai quant au cœur et tort quant à la raison. Ils font plus que semblant de croire que ça va durer toujours, même s'ils savent bien que ça doit s'arrêter un jour.

Un homme de cinquante ans :

« Je sais que je suis très malade. J'en ai pour combien de temps? Promettez-moi au moins cinq ans.

– Oui. »

Il part rassuré. Il sait l'existence d'un terme, et il est heureux de le voir reculer.

On explique à une jeune infirmière de vingt ans que, même pour une maladie incurable, il faut se battre, pour gagner du temps :

« Il a un cancer du côlon.

– Croyez-vous qu'il soit opérable? demande-t-elle.

– On va essayer. Il faut. Il a une femme et des enfants.

– Une fois opéré, quelle est sa chance?

– Cela dépend de l'étendue de la tumeur, de l'atteinte ou non des ganglions.

– Après l'opération?

– On surveillera régulièrement, et on pourra envisager un traitement complémentaire.

– Si c'est très étendu au départ, est-ce que cela vaut la peine?

– Pourquoi pas, si on arrive à prolonger sa vie.

– De combien?

– Quelques années. Offrir à quelqu'un deux ou trois années de vie supplémentaire, cela vaut la peine?

– Je ne sais pas.

– Qu'est-ce que vous voulez dire? Si aujourd'hui, atteinte d'une maladie grave, on vous disait, qu'au lieu de risquer de mourir dans un an, on éloigne cette échéance de cinq ans, ça ne vaudrait pas la peine?

– Non, ça ne vaudrait pas la peine. Pour moi, il n'y a aucune différence. Ma vie serait arrêtée. Dans un an, dans cinq ans, c'est la même chose. Je serais arrêtée. Je me ficherais de tous ces jours ajoutés les uns aux autres. Ce que je veux, c'est vivre, et savoir cela, ce n'est peut-être pas mourir mais ce n'est déjà plus vivre. »

Elle avait raison, elle était à l'âge de l'immortalité. La différence, le précipice entre celles et ceux de son âge qui n'ont pas encore atteint le sommet de la colline plus ou moins élevée qui marque pour chacun la hauteur de son existence, et ceux et celles qui sont sur l'autre versant, c'est que les premiers montent encore vers le ciel et les seconds descendent vers la terre d'où ils sont venus. Marie-Madeleine ne voulait pas savoir qu'elle n'était pas immortelle. Elle avait tant de choses à faire, tant de personnes à voir, tant de minutes à vivre, qu'elle ne voulait pas avoir à compter. Compter ce qui reste, c'est déjà mourir. Elle réside peut-être là, la grande différence qu'on appelle des générations. Elles sont sur deux versants opposés : celle qui monte, dont les yeux clignent parfois devant l'azur et dont l'avenir scintille, qui a l'espoir de changer l'ordre du monde, et celle qui descend et dont les yeux s'abaissent vers le bistre et la grisaille de la terre et qui sait que les rêves de son enfance sont irréalisables. Pas plus sages les uns que les autres. Les premiers sont des fous, les seconds sont des lâches.

Les premiers des dépensiers, les seconds des économes. Les généreux et les comptables. « On doit vivre comme si on ne devait jamais mourir », disait la jeune fille d'Alfred de Musset.

Arrivé à un certain âge, envolés les espoirs de ma jeunesse, partis mes rêves d'enfance et d'adolescence. C'est qu'en réalité je ne suis plus jeune. Je rêvais de justice, de paix, de socialisme, aujourd'hui tout le monde s'en moque. On ne demeure jeune que si on a une fidélité derrière soi. Si l'opportunisme est souvent méprisable, c'est qu'il est l'enfant de l'infidélité. C'est Francis de Pressensé, célèbre éditorialiste du journal *Le Temps* qui va dire à son directeur : « Monsieur, je ne veux plus travailler dans votre journal, je pense qu'Alfred Dreyfus est innocent. » C'est une population entière qui se lève et qui marche dans la rue pour deux anarchistes, Sacco et Vanzetti. C'est le vieil éditeur, Gallimard, décidant d'éditer en urgence, pour éviter leur exécution, la plaidoirie des Rosenberg. Aujourd'hui, aujourd'hui je ne suis plus jeune, c'est qu'en réalité je suis vieux. Ce sont les enfants d'aujourd'hui qui portent mes espérances perdues. Quand on sait une chose on ne peut plus l'apprendre, et à un certain âge on sait. Un expert ne pense plus, il sait! Sclérose de certain savoir.

Il n'y a pas de belles âmes ou de belles consciences. Seulement ce mélange de noirceur et de clarté de n'importe quel être humain et qui, selon les heures, laisse apparaître la nuance terrestre. Peu d'êtres humains, si glorieux soient-ils, qui n'aient pensé mal, au moins une fois dans leur vie, et à ce titre ils sont presque tous maudits. Peu d'êtres humains, si criminels soient-ils, qui n'aient pensé bien, au moins une fois dans leur vie, et à ce titre ils sont presque tous sauvés.

Le recul des frontières de la vie se fait dans les deux sens. Les termes, les frontières sont écartés. Et pourtant, admettons... Si vraiment la conscience, comme il est démontré, participe de la définition même de la vie humaine, ne devrait-elle pas également entrer en ligne de compte pour celui qui va devenir un nourrisson. Et pourquoi la conscience apparaîtrait-elle à la naissance? Pourquoi pas un peu plus tard, avec le début de l'acclimatation au monde et à l'environnement? Pourquoi pas un peu plus tôt, dans le ventre même de sa mère avec la constitution du système nerveux, alors que des mouvements sont apparus, que l'enfant réagit à sa mère, à ses mouvements, à ses soucis, à ses angoisses, à ses plaisirs, et que de son milieu intérieur pendant la grossesse dépend parfois la suite de son existence? Qui nous permet de dater un tel événement, une telle apparition?

Réflexion terrible, à un certain niveau. Quelle différence, entre l'interruption de grossesse à trois mois et l'infanticide à sept mois? La vie moins sept vaut-elle moins que la vie moins trois? Calculateur-légiste, quelle tristesse de poser le problème en ces termes. En fait, question sans réponse. Que seule la mère peut résoudre, avec elle-même, avec elle seule. Question douloureuse, qui aurait depuis longtemps dû donner aux hommes souvent si infatués le droit de se taire et le désir de discrétion...

Le respect de la vie, pourquoi ne l'aurions-nous pas aussi clair, aussi précis que possible? Seule valeur absolue donnant naissance à toutes les créations de l'esprit pour la perpétuer, sa limitation en fait sa valeur éternelle. Eternelle parce que périssable. Vie, denrée périssable.

La vie est toujours la plus forte, dit-on. Non. Seule la vie existe. Lorsque, dans un tribunal, comparaissent face à face le souvenir d'une victime, un enfant parfois, et l'assassin, odieux étrangleur parfois, comparaissent en même temps une image morte, si belle soit-elle, et une image vivante, si laide soit-elle. Et l'une parvient à effacer l'autre parce qu'elle est, et que l'autre n'est plus. C'est en grande partie à cause de cela qu'on a aboli la peine de mort.

Si on pouvait se retrouver seulement une seconde avant l'acte fatal, personne n'hésiterait pour sauver une vie innocente à interrompre une vie coupable. Mais, une seconde trop tard, cela ne sert plus à rien : on ne peut faire l'échange. Lui est plus fort parce qu'il vit, et qu'il fait, bon gré mal gré, encore partie des vivants, et l'autre plus. Vous avez raison de pleurer, malheureux parents, personne n'entend vos cris : seuls les morts... Ainsi pour les peuples. Gitans. Arméniens. Indiens. Juifs. Supprimés, oubliés. De même que l'assassin doit avoir achevé son crime avant d'être arrêté, de même les armées doivent avoir terminé leur œuvre de mort avant de baisser les armes. Triste, mais la vie est la seule victoire, et la loi de toutes les espèces, animales et sociales.

Poser la question : et si c'est votre enfant à vous qu'on tue, votre femme à vous qu'on viole, votre mère à vous qu'on assassine, qui peut répondre « Je fais confiance à la Justice? » et qui répond en fait « C'est une question personnelle. »

C'est toujours la Société qui juge. Et elle a aboli la peine de mort pour se donner une belle image d'elle-même. Elle a raison. Il n'y a que cela de vrai : le respect qu'on peut avoir de soi.

Que la vie, que notre vie, que ma vie s'arrête un jour : seule véritable question. La définition de la vie a beau être donnée par son interruption, par la mort, une vie éternelle ou immortelle n'étant pas une vie, il n'en demeure pas moins que c'est à partir de cette réflexion sur la vie qui s'arrête un jour que se sont ordonnées toutes les croyances, toutes les religions du monde. La vie doit être donnée par quelqu'un qui ne peut pas la perdre, qui est plus fort qu'elle, qui est immortel : appelons-le Dieu pour simplifier. Il n'est pas possible que les malheurs injustes qui peuvent m'accabler au cours de ma vie, alors que je n'ai pas demandé à venir au monde, ne soient pas réparés puisqu'ils sont immérités. Et si cette réparation est irréalisable en ce monde, il doit en exister un autre, invisible aux pauvres mortels, ouvert seulement à ceux qui ne meurent pas, à ceux qui ne pleurent plus. La tristesse de la notion de jours définitivement perdus, l'angoisse de savoir une existence définitivement achevée, ont fait imaginer autre chose, parce qu'on ne peut admettre la fin de tel sentiment, de telle pensée, qu'on ne peut accepter de ne plus jamais revoir ceux qu'on aime. Butant sa tête et son cœur à cette impossibilité majeure : après tout, la pluie, les bourrasques – mais aussi le ciel bleu; les maladies, la douleur – mais aussi la tendresse de ma mère; le travail, la fatigue, les ennuis – mais aussi la paix familiale et l'amitié, après tout cela, Rien? Non. La croyance en Dieu est une révolte contre le Destin de l'espèce et un refus de la mort en tant que mort, le refus de s'accepter mortel. Au contraire, l'image de ce Créateur permet dès lors de donner une explication à tout ce qui échappe à notre compréhension, à tout ce qui nous dépasse. Nous n'en aurons jamais terminé. Notre existence n'est pas finie. La croyance en Dieu est une réponse à l'angoisse métaphysique fondamentale : l'arrêt définitif, la mort, le rien. A la fois rassurante (explication de l'inconnu) et consolatrice (poursuite de la vie). Raison pour laquelle elle est si ancrée au cœur des hommes. Certains esprits scientifiques même ne résistent pas à cet appel. On parle de religions révélées : comme il n'existe aucune base raisonnable ou scientifique à la découverte d'un tel dieu, sinon une volonté achevée en certitude, on parle de révélation, comme si cette notion sans base était précisément inspirée par le révélateur lui-même.

Les créateurs meurent et ne meurent pas. Tous les philosophes, tous les créateurs d'idées meurent avec leurs idées. Marx n'a pas plus à voir avec le marxisme déshumanisé qu'on vit aujourd'hui (c'est lui qui a dit qu' « il fallait se méfier comme de la peste de tout ce qui mettait la société au-dessus de l'individu »), que le malheureux Jésus avec le christianisme, orné de pompes et d'or (c'est lui qui a dit : « soyez pauvres »), que Freud avec la plupart de ceux qui utilisent la psychanalyse pour guérir les gens de leur malaise de vivre (c'est lui qui a dit que la psychanalyse « n'était pas une méthode thérapeutique mais une méthode d'investigation des problèmes psychiques »), ou que Nietzsche avec les affreux laudateurs de l'oppression et de l'humiliation humaine (c'est lui qui a écrit : « Qu'y a-t-il de plus humain? Epargner la honte à quelqu'un »)...

Tous, zélateurs plus ou moins truqueurs d'hommes de génie, marxistes, léninistes, maoïstes, sartristes, gaullistes, etc., paraphraseurs, arrangeurs de pensées originales, sacralisateurs, modificateurs d'une réalité spirituelle qu'ils parasitent. Les autres, créateurs d'un monde d'après une idée phare illuminant le reste, sorte de monologue privilégié avec le reste des choses pour lesquelles une seule explication tient lieu de ciment : la loi morale pour Kant, l'économie pour Marx, le sexe pour Freud, l'énergie pour Einstein. Ce dont ces hommes faisaient un repère de lumière pour l'explication des rapports sociaux, des rapports de la matière, des rapports individuels, auxquels la plupart des autres éléments peuvent s'articuler, les suivants, les prosélytes, les épigones, vont en bâtir un culte. Une pensée se change en dogme. La voilà figée. Morte. Ils avaient peut-être une idée fixe autour de laquelle ils tournaient. On en fait une idée unique. La recherche de la Cause, de l'Un qui expliquerait le reste. On essaie de trouver l'explication centrale, le Deus Ex Machina. Et un jour on découvre qu'il n'y a pas de Deus Ex Machina ou de Deus tout court, qu'on fait comme si. A force de vivre comme si, on finit par oublier qu'on est en permanence porteur d'un vêtement, d'un déguisement.

MONSIEUR VALOIS

Une lettre écrite maladroitement, adressée à l'hôpital. D'un fou de plus, pense le médecin, en décachetant l'enveloppe aux lettres heurtées, mal jointes, tremblantes, comme d'une personne ivre. A l'intérieur, sur une carte, est écrit : « Docteur, je me permets de vous demander votre aide. Je suis complètement paralysé. Il faut que vous m'aidiez. Je me permets de compter sur vous. Mon téléphone... Valois. P.S. Excusez-moi, j'écris avec la bouche. »

Il faut savoir. Réponse brève demandant quelques renseignements. Nouvelle lettre du malade, plus longue que la précédente, qui lui prend paraît-il deux heures. Téléphone. A peine le début d'une sonnerie :

« Allô! Monsieur Valois? »

Réponse immédiate.

« Dites-moi, vous n'êtes pas long à répondre pour quelqu'un d'immobilisé.

— J'ai un système spécial qui me permet de décrocher avec le souffle. Vous êtes gentil de me rappeler. Vous n'êtes pas gentil de me demander cela.

— Je ne vous connais pas.

— A qui voulez-vous que je demande, je me casse la tête depuis des mois.

« – Qu'est-ce qu'on peut faire?

– C'est difficile...

– Que je passe vous voir?

– Impossible! Il faudrait demander la clef au concierge. Il n'y a que lui qui puisse venir me voir. Le mieux serait que moi, je vienne à l'hôpital en consultation, en ambulance. Vous me prépareriez ce qu'il faut.

– Vous vous rendez compte de ce que vous me demandez?

– Tout à fait. Vous pouvez refuser. Vous êtes mon dernier recours.

– Venez toujours, on pourra au moins parler. »

Un soir, vers dix-huit heures, il vient en consultation sur une chaise roulante, guidé par des ambulanciers. Lorsque la porte est refermée et les ambulanciers partis :

« Merci de me recevoir. Vous connaissez l'objet de ma visite. »

Assis, ou plutôt engoncé dans sa chaise, les jambes tombantes comme celles d'un pantin, les mains rabougries au bout de deux leviers presque trop longs, le regard détaché, le visage presque sans âge :

« Vous connaissez mon histoire? Maladie neurologique sans espoir à vingt ans. Evolution capricieuse, comme vous dites, vous autres médecins. Des hauts et des bas. Plus de hauts que de bas, au début. Depuis quelques années plus du tout de hauts. La paralysie, le laisser-aller définitif... »

Après des détails médicaux, presque techniques, la question qu'il faut poser. Qui paraît indiscrète, qui l'est. Qui peut paraître odieuse, qui l'est. Qui est de trop. Importune. Mais qu'il est impossible de ne pas poser, qui est au bout des lèvres, qui paraît attendue :

« Vous n'avez personne autour de vous?

– Non.

– Depuis quand?

– Depuis des années. Je n'ai jamais été marié. J'ai eu des amis, bien sûr. Je les ai moi-même chassés. Je ne veux pas de pitié. Et que pouvaient-ils m'apporter d'autre? Même sans le vouloir. Croyez-moi, un homme immobile ne peut recevoir que de la pitié de ceux qui marchent, sauf s'ils sont d'un autre monde. Alors, j'ai eu les enfants. Les enfants de la concierge. Je dépends complètement d'elle, vous comprenez? Depuis des années, c'est à elle que je dois de ne pas mourir. Elle fait les commissions, elle fait mon lit, elle m'aide à me lever, à me coucher, elle est mon intercesseur auprès de la vie, mon intermédiaire avec le monde. Aussi, pour la remercier, j'ai aidé les enfants à faire leurs devoirs. Le garçon, puis la fille. Tous les soirs à cinq heures. Ils m'aimaient bien tous les deux. Mais ils ont grandi. Maintenant, ils sont partis. La fille vient d'avoir dix-sept ans. Elle revient me voir de temps en temps par gentillesse. Je ne peux pas dire qu'elle se force, si pourtant. A dix-sept ans, on aime la vie, on n'aime pas la mort. C'est elle qui a raison, vous comprenez? C'est moi qui ai tort. Je voudrais tant que les gens le comprennent. Quand on est dans mon état, même si on n'y est pour rien, si on est victime, si on ne le mérite pas – mais qui mérite son sort? – on a tort. Alors, Jeannette, je l'aime bien. Mais, à chaque rare fois qu'elle vient me voir, c'est moi qui la chasse. Ce n'est pas une place pour elle, cette chambre de paralytique...

– Pourtant le père de Jeannette, le concierge, vient toujours vous voir?

– Bien sûr.

– Il est gentil?

– Consciencieux. Il peut compter sur moi. 2 700 F par mois, presque toute ma retraite... »

Un soupir.

« Docteur, comment fait-on? Vous ne pouvez pas

venir chez moi. Le concierge s'en apercevrait forcément. Il a la clef. Et une cloison me sépare de sa loge. Il faudrait que vous me prépariez des médicaments à avaler.

— Mais comment les prendrez-vous ?

— Comment les prend-on d'habitude ? (Et il rit.) Il me reste la bouche, tout de même ! »

Lèvres moqueuses et un peu méprisantes pour celui qui s'en sert toujours si facilement sans s'en rendre compte.

« Si vous pouvez me préparer vos mélanges dans un petit flacon que je puisse déboucher avec la bouche ? »

Plusieurs petits flacons sont essayés par le malade qui choisit celui qu'il débouche avec le moins d'effort. On lui donne le flacon rempli.

« Je peux mettre mes poignets l'un contre l'autre et arriver à boire. Ne vous inquiétez pas. Je le prendrai samedi soir. Il ne vient jamais me réveiller le dimanche avant midi. Il ne s'inquiétera pas. »

Il regarde le flacon, le met dans la poche supérieure gauche du veston pour l'attraper plus facilement. Un seul mot :

« Enfin ! Au revoir, docteur, ou plutôt adieu. »

Il repart, roulé dans sa chaise.

Fallait-il lui offrir ce flacon ? Fallait-il le lui refuser ? Question sans vraie réponse.

Au lieu de la fiole pleine de poison, il aurait fallu être capable de lui offrir une coupe pleine de vie, en lui rendant visite, en bavardant. Il ne voulait plus. En le rattachant à la vie, dont il était détaché. Il avait fait son tour. Surtout, M. Valois est parti seul, et c'est ce qui est le plus triste. Personne à ses côtés. Il faut l'imaginer seul dans sa chambre de prisonnier, détachant le bouchon avec la bouche, vidant le contenu dans un verre, avalant...

Heureux, ceux qui n'ont pas ces remords encombrants parce qu'ils sont justes et qu'ils savent résister à la demande. Respect à vous, respectueux de la vie à tout prix, adversaires de la mort, qui savez où passe la différence, qui connaissez le bonheur et haïssez le malheur. Respect à vous tous, médecins du maintien de la vie à tout prix, qui prenez le moindre souffle douloureux prolongé pour une victoire... vous avez bien mérité de votre métier, de vos opinions, de votre classe : opposant la blouse blanche que vous souhaitez irradiée des soins donnés au-delà de la dernière minute du dernier malade désespéré, à l'habit noir de la mort, l'ennemie mortelle... Vous êtes sur le beau plateau de la médecine. C'est le plateau du bien, doré, lisse, brillant.

Honte aux autres. A ceux qui ne vont pas jusqu'au bout, qui discréditent la profession, qui renient leur serment de respecter la vie à tout prix. Qui acceptent de baisser les bras. Qui écoutent la voix de la défaite et acceptent d'être vaincus. Vous tous, peu nombreux, les honteux, qui acceptez ainsi de jeter la blouse blanche du médecin pour enfiler la veste ou le pull-over d'un être banal, qui daignez écouter la voix de la lâcheté parce que c'est celle du malheur, la voix du désespoir parce que c'est celle de la lucidité, vous qui acceptez de satisfaire cette demande parce que vous savez que toute autre réponse serait présomptueuse et cruelle, parce que vous pensez que le repos que vous apportez est horrible mais que l'autre est plus horrible encore, parce que si vous ne le faisiez pas vous en seriez malheureux, pauvres types qui acceptez de marcher sur un chemin qui n'est plus le vôtre, celui que vous aviez pris au début de votre carrière, médecin honteux, être humain qui vous croyez libre et qui êtes l'esclave d'une supplique malheureuse. Vous, le sale plateau de la balance, celui du mal, cabossé, terne, fait de métal ordinaire.

Pauvre Françoise, pauvre petite Françoise, qui avait surmonté les difficultés et les douleurs de sa vie quotidienne pour faire bonne prestance devant médecins et infirmières et qui s'était habillée, manucurée, coiffée pour sa dernière sortie. Tout ce qu'en a retenu un tâcheron de la médecine, c'est qu'elle était pimpante et qu'elle buvait du champagne. Il l'aurait mieux aimée souillon, au gros rouge, ç'aurait fait plus naturel. Et si justement l'artifice était parfois la politesse des belles âmes ? Françoise portait sur elle sa robe de cérémonie et son cœur était pur et son âme était simple. Lui portait son habit de cérémonie à l'intérieur de sa tête. A la monnaie de la vie, les faux jetons font illusion, mais il suffit toujours de les prendre dans la main pour les peser : tout juste s'ils ne glissent pas entre les doigts.

MADAME PIERRARD

LA secrétaire prévient le médecin :

« Monsieur, la prochaine malade, il faudrait que vous alliez la voir dans la pièce à côté. Elle est sur un brancard. (La salle de consultation habituelle ne permet pas, en raison de la porte trop exiguë, d'y faire entrer une personne allongée.)

– Qui est-ce?

– C'est une nouvelle malade. Vous ne la connaissez pas. Elle n'est jamais venue. »

Dans la salle de consultation voisine, allongée, une vieille dame aux cheveux blanc moiré.

« Bonjour, docteur. C'est vous le docteur X?

– Oui, madame.

– Ben, je suis contente de vous voir. C'est simple. Je veux que vous m'aidiez à me débarrasser de cette vie.

– Comme vous y allez!

– Je n'y vais pas justement. Je ne veux plus y aller. Je veux la quitter.

– Mais, madame...

– Je sais, ce n'est pas votre métier. C'est ce que tous les médecins disent. Alors écoutez-moi : j'ai soixante-seize ans. Depuis huit ans, je suis paralysée. Je ne peux plus remuer les jambes. Je suis clouée au lit. Ce n'est plus une vie, c'est un désastre. Pour vous, c'est une vie, vous marchez, vous lisez. Moi, je reste dans ma chambre, je ne vois même plus le soleil. L'odeur de l'herbe mouillée, je ne sais plus ce que c'est. De temps en temps, le bruit que font les mouches, si. Je les déteste. Elles ont l'air d'avoir envie de vivre, même quand elles se cognent aux vitres... Non, docteur... Je veux la quitter. Chaque soir, quand je m'endors, j'espère que je ne me réveillerai pas et chaque matin depuis cinq ans c'est le désespoir. Mon mari n'en peut plus. Surtout moi. J'en ai assez. Regardez-moi. Une loque. Mes besoins, ma nourriture, ma toilette, des travaux forcés. Pas seulement pour moi, pour mon mari. Et je veux partir. Vite.

– Maintenant?

– Tout de suite si vous voulez. Je suis prête.

– Mais on ne peut pas ici, on est à l'hôpital.

– Justement, je croyais que c'était un bon endroit.

– Non, ici, c'est un endroit pour soigner les gens.

– Il y en a bien qui meurent de temps en temps.

– Oui, mais jamais volontairement.

– Ben, pour une fois, il y aura eu une volontaire.

– Je ne crois pas que je puisse faire quelque chose, madame.

– Ah! Ne me laissez pas repartir comme ça. C'est trop triste, je vous en supplie. J'ai déjà essayé toute seule, j'ai raté. On m'a donné des médicaments, des contre-la-dépression. J'en ai pris, c'est pire. Je vis dans le noir. Je n'en veux plus. J'ai essayé. J'ai avalé deux tubes, je me suis toujours retrouvée à l'hôpital. A chaque fois, je rate. (Et elle pleure.) Je n'en peux plus... je n'en peux plus... Personne ne m'aide, personne ne m'accueille. »

Le médecin ne sait plus trop quoi penser. Est-elle victime d'une grande dépression? Ce qu'il entend, est-ce bien ce qu'elle dit? Les mots qu'elle prononce, est-ce bien ceux qui frappent son oreille? Est-il sûr de comprendre? Et il va chercher une infirmière. Sa vieille Danièle qu'il connaît depuis des années. Toujours jeune, puisqu'elle a vingt ans de moins que lui, avec l'accent chantant de Carcassonne, elle est en prise directe avec les malades.

« Danièle, vous pouvez venir un moment, s'il vous plaît ?

– Oui, monsieur. »

Et il la fait entrer dans le cabinet de consultation. Ils sont trois maintenant. Le médecin veut être certain d'entendre ce qu'il entend. Danièle va s'apercevoir de l'éventuel degré de supercherie...

« Danièle, je vous présente Mme Pierrard.

– Bonjour, madame.

– Madame, voudriez-vous être assez gentille pour me redire ce que vous m'avez dit tout à l'heure.

– Mademoiselle, si vous pouvez faire quelque chose pour le convaincre. Regardez-moi. Je suis paralysée. Déjà huit ans. Je ne fais rien de la journée. Je ne vis pas. Je n'ai de goût à rien. Même pas à lire. Même pas à la télévision. Même pas à parler. Je suis dégoûtée de tout. Plus rien ne m'intéresse. Même pas les histoires. Je me fous du monde et des gens. Ni la nourriture, je mange n'importe quoi. Je ne suis pas libre, j'ai besoin qu'on m'assiste pour tout. Pour ma toilette. Pour mes besoins. Ce n'est pas sur la terre que je suis, c'est dans une prison. Je ne peux plus remuer, je suis clouée au lit. Vous appelez ça une vie, d'être clouée ? J'ai déjà essayé d'arrêter trois fois. J'ai pris des comprimés, des cachets. Chaque fois je me suis endormie. Chaque fois les ambulances sont venues. Le S.A.M.U. Et je me suis réveillée dans une salle d'hôpital. Je n'en peux plus. Combien de temps ça va encore durer ? Ce que je vis, mademoiselle, c'est un calvaire. Tous les matins quand je me réveille, je pleure » Et elle pleure...

Le médecin :

« Alors, Danièle ? »

Et Danièle, émue, d'une voix faible :

« Elle a raison.

– Merci, Danièle. »

La malade va s'en aller.

« Dire que j'ai fait tout ce trajet pour rien. J'ai eu du mal à avoir une ambulance.

– Vous habitez loin?

– Cent kilomètres. Dites, promettez-moi que vous ne me laisserez pas tomber? Que vous essaierez de faire quelque chose? Promettez-moi. Quand est-ce que je peux revenir?

– Ne revenez pas.

– Alors, c'est vous qui viendrez?

– Non... Peut-être.

– Quand?

– En fin de semaine, peut-être. Un samedi ou un dimanche.

– Vite, s'il vous plaît. S'il vous plaît, docteur... »

Elle repart sur un brancard porté par ses deux ambulanciers, l'un devant, l'autre derrière, et la grosse boule blanche de sa chevelure au milieu.

La consultation reprend. Celle des malades qui veulent vivre. Même mal, mais vivre. Même en souffrant, mais vivre. Elle, la vieille dame, elle est déjà passée de l'autre côté. Elle fait déjà partie de la vallée des morts. L'aider à y rester? Pourquoi? C'est presque lutter contre la mort que de lui permettre de réaliser son choix. A quoi bon, pour elle, remuer pour rien? A quoi bon bouger? A quoi bon le malheur? A quelque chose malheur est bon, dit-on. Ça n'est pas vrai. Le malheur n'est jamais bon. Il est toujours néfaste...

Quelques jours plus tard.

« Allô, docteur, vous ne m'avez pas oubliée?

– Non.

– Quand est-ce que je vous verrai? »

On est en décembre.

« Promettez-moi que vous viendrez avant Noël. Je ne veux pas un Noël de plus, ça me rend encore plus triste. »

Et deux ou trois fois par semaine, elle rappelle. Le médecin cède :

« Vous m'avez dit samedi. Expliquez-moi où vous habitez.

— Il faut prendre l'autoroute. Puis sortir à la cinquième sortie. Encore quelques kilomètres. Arrivé au chef-lieu du département, prendre la deuxième à droite jusqu'à Carmille, et à Carmille, la troisième après la place du marché. Le portail sera ouvert. »

Un samedi de neige, l'autoroute dans une voiture chauffée. Quand on quitte l'autoroute, une chaussée presque vitrifiée pour encore 50 kilomètres, c'est long, ça tourne, ça glisse. Carmille, la place du marché, troisième route après, une, deux, trois...

Une quincaillerie sur la place :

« Mme Pierrard, s'il vous plaît? Merci. »

Le portail est ouvert. Le médecin frappe à la porte.

« C'est vous, docteur?

— Oui.

— Ça, c'est bien. Je vous attends. Quel soulagement. »

La porte d'entrée une fois passée : une grande pièce avec une chambre sur la gauche et une autre vers le fond. La voix arrive de la droite, joyeuse :

« C'est bien. »

Dans la pénombre, un grand lit dans lequel repose la vieille dame :

« Voilà mon pays depuis huit ans. Ce lit, cette chambre, c'est tout. La télé que vous voyez là (empoussiérée) je ne l'allume plus jamais. Allez, quand vous voudrez.

– Mais votre mari?

– Il n'est pas là, il est aux moutons.

– On ne peut pas l'attendre?

– Non, ce n'est pas la peine. Vous avez déjà perdu assez de temps comme ça. Il est d'accord. Il sait bien que vous venez. Il ne sera pas étonné. »

En attendant :

« Je ne vous ai pas demandé, madame, ce que vous faisiez dans la vie? »

Et malgré lui, il l'a dit ce mot sacré qu'on dit aux gens à la retraite comme s'ils étaient retirés de la vie permanente. « Qu'est-ce que vous faisiez dans la vie? » Dans la vie avec les autres. La vie, c'est la vie dans le monde...

« Dans la vie, nous étions boulangers. C'était bon. On se levait tôt, mon mari surtout, pour aller au four. Moi, je l'aidais. On n'a pas pris de vacances pendant trente ans, mais ça ne faisait rien. On était chez nous, libres, seuls. »

Derrière, la porte grince. Un vieux monsieur, revêtu d'une houppelande, les cheveux au vent.

« Bonjour, docteur. Vous êtes bien le docteur, je suppose? Elle vous attendait.

– Est-ce que je peux vous parler un peu? Madame, vous permettez que je parle un peu avec votre mari?

– Tant que vous voudrez. On est complètement d'accord.

– Monsieur, vous savez ce qu'elle m'a demandé?

– Vous parlez si je sais! Trois ans qu'elle ne me parle que de ça.

– Vous êtes mariés depuis longtemps?

– Oh! là! ça fait une paie. Plus de cinquante ans.

Mais elle a raison, faites-le, docteur, ce n'est pas une vie. Elle reste au lit toute la journée. De temps en temps, un voisin vient l'aider à faire sa toilette, pour ses besoins. Moi je lui fais à manger. Et elle ne dit rien dans la journée. Seulement : « Chienne de vie, je n'en « peux plus, quand est-ce que ça va finir? » Ou bien le silence. Alors, je sors, je vais aux moutons. Docteur, faites-le. Elle a déjà essayé trois fois. Deux fois elle a été emmenée par les ambulances, une fois par la police. Elle a été transportée à l'hôpital, en réanimation. Allez-y, docteur, moi j'attends. »

Dans le silence de cette maison de campagne, le bruit des flacons qu'on débouche, des seringues qu'on emplit, des aiguilles qu'on ajuste. Rien d'autre que, soudain, la vieille dame qui s'adresse à son mari :

« Il est bien celui-là, hein? C'est un Homme. » (Jamais un compliment d'une fille, si belle soit-elle, n'aura aussi profondément blessé et réjoui le médecin, que cette exclamation.)

Au moment de rentrer dans la pièce où repose la vieille dame.

« Monsieur, allez lui dire au revoir. »

Il passe la tête à travers la porte.

« Henriette... »

Elle l'éloigne :

« Non, n'avance pas, ne t'approche pas. Pas de larmes inutiles. Tu sais que c'était mon souhait le plus cher. Dis-moi au revoir d'où tu es. On s'est assez embrassés. Plus de cinquante ans qu'on est ensemble. On s'est connus à vingt ans. Dis-moi au revoir, là. »

Il retourne dans l'entrée.

« Quel bras, docteur? Merci. Cette fois je suis contente. Je vais vraiment m'endormir pour de bon.

— Dites-moi, madame, la vie, tout de même, il y a eu de bons moments?

– Bien sûr. Pas tout le temps. Mais souvent. Dans le temps. La première fois que nous sommes allés en vacances, on a vu la mer. C'était pour nos vingt ans de mariage. »

Et elle s'est endormie pour de bon, comme elle avait dit. Plus de réveil mauvais, plus de pensées tristes. Dans la pièce à côté, le mari attend.

« Vous avez bien fait, docteur. Il le fallait, elle n'en pouvait plus. Ça vaut mieux comme ça. Maintenant je pourrai me la rappeler avant ces dernières années maudites. Je vais essayer de les effacer. Vous voulez prendre quelque chose? Un peu de cognac?

– Si vous voulez.

– Il fait froid dehors, ça réchauffe.

– Et vous, qu'est-ce que vous allez faire?

– D'abord, pour le médecin. J'y ai pensé. Je ne le préviendrai que demain matin. Je lui dirai que je me suis réveillé et que, lorsque je suis allé la voir dans sa chambre, elle était comme ça. Si je le prévenais maintenant, cela paraîtrait bizarre.

– Et tous les jours qui viennent, qu'est-ce que vous allez faire?

– Revoir mes enfants, voilà trois ans qu'on ne les a pas vus, elle ne voulait plus voir personne. Et continuer à m'occuper des moutons. Je le fais depuis plusieurs années. C'est gentil, les moutons. Et puis quand un agneau vient au monde, c'est tellement joli... »

La voiture est repartie.

Fallait-il? Il ne sait pas. Il ne sait plus. Faut-il être un répondeur des détresses humaines ou non? On n'est pas chargé de répondre sans cesse au téléphone du malheur. Et si on s'occupait un peu du bonheur des gens? Pour le plaisir. Il lui arrive parfois de rêver d'un autre métier, comme Le Gall, accoucheur, médecin à donner la vie, quelle chance! Quelle merveille!

LA PEUR

NE pas avoir peur de la mort. Les êtres humains d'aujourd'hui, comme ceux d'hier, sont élevés, éduqués avec la crainte de la mort. Avec cet horrible oripeau au bout de leur existence, on peut les convaincre d'endosser n'importe quel vêtement, d'accepter n'importe quelle habitation, de vivre n'importe quelles heures, pour ne pas revêtir un jour l'habit d'épouvantail. Imaginer une humanité qui n'aurait pas peur de mourir, elle serait ingouvernable parce que libre. C'est avec la peur de la mort qu'on nourrit quotidiennement les cauchemars des peuples et qu'on les empêche de rêver. Gouvernants, vous risqueriez trop. La peur du risque, c'est la peur de la mort. Le goût du risque, c'est le goût de la vie. Les assureurs sont contre le risque, contre la mort. On trace autour de soi des pieux de protection, des grillages contre l'évasion, des toits contre les rêves et on croit qu'on vit à l'abri. A l'abri du jour. On ne vit pas sous le ciel de la vie, on subsiste. Car je me sens sous un abri, l'abri des autres, l'abri du temps.

On essaie d'acheter le temps, comme le reste. Mais généreux et prodigue il file toujours entre les doigts. Et plus vous serrez, plus il s'échappe. Les paumes offertes, les doigts ouverts, seule manière d'attraper le temps, sinon de l'apprivoiser. On ne peut apprivoiser que soi-même, et la seule façon c'est de ne pas construire de cage. La pire cage est celle qu'on se construit soi-même. Certains finissent par construire tellement de barreaux qu'ils arrivent à ne plus voir au-dehors. Envolez-vous à tout moment, et si vous vivez sans cette peur permanente, si vous avancez sans cette crainte séculaire, vous savez qu'à tout moment vous pourrez vous envoler. Cette certitude vous rend libre : en vous offrant des ailes, la disparition de la peur de mourir vous offre la liberté. Vous décollez de terre quand vous voulez, vous n'êtes donc pas collés à la mort mais à la vie, avec ses caprices, ses fantaisies, ses désirs, ses joies. Vous n'avez pas peur de la mort, donc vous ne mourrez pas. A peine vous éteindrez-vous. Vous éteignez une flamme. Flambeau transmis d'âge en âge, lumière de la vie, lutte contre les ténèbres qui vous envahissent.

C'est en n'ayant pas peur de la mort que vous devenez immortel. Pourtant vous savez qu'elle existe, vous savez que vous êtes mortel. Mais à mesure même que vous le savez, que vous le vivez, vous êtes un être humain relié à toute la chaîne universelle de la vie : de connaître vos limites vous rend illimité, de savoir votre fin possible vous donne l'infini, de connaître votre mort nécessaire vous fait immortel. Vous mourrez, mais vous ne serez pas détruit. Surtout, les autres, autour de vous, vos pires ennemis, à la haine toujours illimitée, les grands échafaudeurs de pouvoir toujours transitoire, les possesseurs de richesses toujours périssables, les grappilleurs d'honneurs toujours ridicules, vous saurez qu'ils ne sont pas vos ennemis mais leurs propres ennemis, ni vos adversaires mais leurs propres destructeurs. Ils ne sont pas comme vous, qu'y pouvez-vous? Ils sont pur hasard, contingence ou nécessité, et vous les admettez comme tels, comme autres. Ils n'ont aucune importance, pas plus que vous. Rien n'a d'importance. Pas même le soleil qui s'éteindra un jour, comme vous, seulement un peu plus tard. Mais si rien n'a d'importance, si rien n'a jamais d'importance, tout en a : l'étincelle de durée limitée que vous êtes vous rend complètement libre, parce que cela vous est égal de mourir, puisque tout est égal, sauf si vous aviez encore quelque chose à faire et qu'il vous est indifférent d'être différent. Vous êtes ingouvernable, vous êtes indominable, vous êtes libre, vous vivrez vraiment, sans crainte. Si vous ne craignez pas la mort, c'est que vous n'avez peur de rien. Et si vous n'avez peur de rien, vous n'êtes à la merci d'aucune chose, d'aucune personne, d'aucun pouvoir.

Ça fait des siècles que pour répondre aux embarras de l'intelligence, les hommes ont inventé Dieu et qu'on leur a enseigné la peur de la vie après, la peur de la vie pendant. La peur de la mort, c'est toujours la peur de la vie, de ses modifications possibles, de ses améliorations souhaitables, de ses changements espérés. Ne changeons pas l'ordre des choses, ça pourrait aller plus mal. La peur de la mort, ce n'est pas le respect de la vie, c'est l'inverse; la peur de la vie avec ce qu'elle peut avoir de mouvant, de chatoyant. Vivez selon votre cœur, et les peuples montent les mains nues aux barricades, en 1830, 1848, 1870, 1917, 1944. Ils vivent heureux, quelques mois, quelques jours, quelques heures. Ils sont déjà vaincus par ceux qui, tapis dans l'ombre, attendent le moment de s'asseoir pour récupérer le pouvoir : ils sont là pour ça, pour moduler, pour rétablir, pour continuer, pour reprendre, pour arranger, pour faire à nouveau alliance avec la mort inéluctable. Mais vous, vous aurez vécu de tout votre cœur, peuples, avec le souvenir de ces heures écoulées. Avant que les éternels Versaillais surviennent avec leurs bonnes raisons. C'est parce qu'ils ont peur de la mort, eux, qu'ils vous tuent.

Tels les oiseaux qui continuent à chanter dans la

tempête malgré l'adversité, d'âge en âge, de saison en saison, les envols de peuples gravent pour l'éternité les marches de la liberté. Toujours vaincus à la longue, achetés, ou négociés, mais pour un temps, le temps de l'éternité, libres.

MADAME BRUN

UNE de plus. Une histoire qu'il va falloir lire. D'une personne malade qui lutte, qui finit mal.

Et pourtant, il faut bien que ceux qui ont encore le courage, l'audace ou la générosité de dire que jamais ils n'accepteront de céder à la tentation de la mort et que, véritables intégristes, ils se battront jusqu'au bout pour offrir un supplément de vie à leurs malades entendent cette histoire. Eux qui font de la décision médicale une concertation difficile dans le secret de leur conscience. Alors? Parlons-en sérieusement puisqu'ils souhaitent être sérieux. Lorsque vous devez traiter un malade atteint de cancer et que vous hésitez entre deux protocoles thérapeutiques, comment faites-vous pour essayer de connaître le meilleur traitement à offrir au malade, devant vous, dans ce bureau de consultation? Vous le « randomisez », comme vous dites, vous le tirez au sort : pile ou face? Une enveloppe oui, une enveloppe non. Ou bien une enveloppe traitement n° 1, une enveloppe n° 2? Ça s'appelle comment, le doute de la main qui joue aux dés, le doute du numéro qu'on tire à la roulette? Un jeu, toujours. Vous pouvez être éloquent, généreux, désintéressé. Mais pas en proie au doute : vous, en proie au doute, pendant que le malheureux est en proie à la mort? Curieuse égalité.

Mme Brun habite la Sologne. Elle a mal au ventre depuis plusieurs mois. Une tumeur. Elle vient consulter à Paris.

« Est-ce qu'on peut me soulager? »

Elle est maigre, le visage un peu sec, les rides bien marquées à cause de l'amaigrissement récent, la voix presque sans aucune chaleur :

« Il faudrait me faire diminuer ce ventre : il pèse tellement lourd. »

Elle est accompagnée de sa fille et de son gendre, qui suivent la conversation malade-médecin sans jamais s'interposer.

Ils ne font pas partie de cette assemblée familiale qui accompagne le malade, mari, femme, enfant ou parent, et qui le laissent à peine s'exprimer, répondant à sa place aux questions des médecins et des infirmières, quand ils ne lui coupent pas la parole, quand ils ne le rendent pas complètement silencieux, surtout si le malheureux malade n'est pas au courant, métamorphosés en détectives amateurs, décidés à éloigner tout indice, toute parole, toute phrase suspecte... S'il se rendait compte, le malheureux, mais il a tellement choisi de demeurer du bon côté qu'il n'imagine pas le pire.

On entreprend un traitement qu'elle suit pour la première fois à l'hôpital pendant six jours. Ça la fatigue mais ça la soulage. Elle revient un mois plus tard.

« On recommence? »

« – Si vous voulez. »

Puis le traitement est appliqué à domicile, dans sa maison de campagne, grâce aux soins diligents d'une infirmière surveillée par un médecin attentif. A la longue, elle se lasse.

« Ça ne fait plus tellement d'effet. J'en ai assez. On ne peut pas arrêter?

– A vos risques et périls.

– Je préfère rester dans mon pays. Rien que de venir à Paris je suis davantage malade... »

Lors de la consultation suivante, elle est encore plus agressive, presque méchante :

« On voit bien que ce n'est pas vous. Pourquoi vous obstinez-vous? A quoi ça sert? »

Tellement acerbe et revêche que sa fille tente de l'excuser, d'amoindrir la signification des mots.

« Laisse-moi parler. C'est moi qui suis malade. Pas toi. Pas vous. »

Et doucement le gendre calme sa femme. Ils se taisent.

On lui donne un traitement moins difficile, moins fatigant. Elle ne devra plus revenir que dans trois mois. On est au début de l'été. Pour une fois, elle quitte la consultation avec le sourire. Elle y revient à l'automne et le sourire est resté. L'abdomen n'a pas diminué de volume mais elle ne se plaint pas.

« La Sologne, dit-elle, ça fait du bien. Mes animaux, mes fleurs, ça me fait du bien. On peut continuer. »

Elle repart de la même manière. De trois mois en trois mois. Le printemps suivant :

« Cette fois, j'ai quelque chose à vous demander. Je crois qu'il va bientôt falloir m'aider. Je commence à avoir beaucoup de mal à vivre. Je n'arrive plus à m'occuper de mes fleurs. Heureusement que j'ai quelqu'un. Dites, docteur, est-ce que je peux compter sur vous? »

Elle repart, un peu tristement. Une lettre arrive quelques jours plus tard.

« Docteur, c'est la fille de Mme Brun qui vous écrit. Maman avait dicté cette lettre il y a plus d'une semaine et j'ai hésité à la poster. Aujourd'hui, je me décide. Elle se sent trop mal. Est-ce que vous croyez que vous pourrez venir? Ce serait une bonne action... »

Un dimanche matin, guidé par le beau-fils, vieille formulation paysanne qui remplace le mot gendre un peu ingrat pour une dénomination filiale, le médecin quitte Paris endormi, la banlieue et roule à travers la forêt solognote où la voiture a l'air de s'être réfugiée pour une fraction d'éternité : des hectares de feuilles, de troncs, de chemins humides et ensoleillés. Et une petite agglomération faite de petites maisons, ni belles ni laides, quelconques, mais où le bonheur doit pouvoir pénétrer, piquets blancs, petite porte montant à un escalier d'une dizaine de marches, transformant cette maison de repos en majestueuse demeure.

Sorte de maison de garde-barrière qui a fait rêver bien des enfants, avec la charge de guider le passage des trains qui annoncent leur venue à coups de sifflet stridents et laissent derrière eux dans le ciel leur sillage de fumée blanche. Petites maisons-refuges où le rapide de Lyon ou Marseille, Vintimille ou Genève donnait l'heure. Petites maisons de poupées qu'en voyageant en train on ne regarde jamais sans une certaine nostalgie.

Sa fille ouvre la porte avant même qu'on sonne. Elle guettait. A l'intérieur, les chromos appliqués au mur témoignent d'une volonté artistique souvent maladroite mais dont la bonne volonté vaut largement, parfois, l'étalage somptueux de châteaux mieux pourvus. Mme Brun a du mal à se lever, mais elle fait un effort pour marcher, pour sourire.

« Venez voir mon jardin. »

De la fenêtre de sa chambre, elle montre les quelques allées de lilas, de roses, de chèvrefeuilles qu'elle a plantés.

« C'était beau, hein, docteur? »

Elle s'est déjà mise au passé. C'est pour les autres, ce n'est plus pour elle.

Un entretien seul avec la malade.

« Merci. Je n'en pouvais plus. Je suis contente que ce soit dimanche. C'est un bon jour. J'aime bien les dimanches. Celui-ci, c'est un bon dimanche. »

Entretien bref, sans épanchement, sans mots inutiles, comme elle a vécu, directement, sans fioritures. Elle gardait les fleurs pour les allées de son jardin, les pas de ses promenades.

« Vous voulez du café?

– Volontiers. »

Sa fille s'empresse, heureuse d'avoir à faire quelque chose, elle qui ne sait jusqu'ici que faire, que dire, comment se conduire. Signe d'hospitalité, cette offrande de boisson, de nourriture ne doit jamais être refusée : elle met à l'aise ceux qui vous accueillent et qui vous remercient presque de leur offrir cette possibilité. Qu'il s'agisse de thé, à la menthe avec des dattes et du lait comme dans la grande hospitalité arabe, de café grec, voire de vin ou d'alcool comme dans nos pays « à composante vinicole », ainsi que disent parfois des économistes distingués. Cela réchauffe de boire ensemble. Les discours justifiés de tous les médias, les prêches des ligues antialcooliques passeraient mieux s'ils étaient moins secs, moins hautains, moins austères, s'ils n'étaient prononcés du haut de la tête et du fond des connaissances, mais du bout des lèvres. Facile de prêcher d'arrêter de fumer quand on peut s'en faire passer l'envie sur un bateau au large de Saint-Tropez. Facile de demander d'arrêter de boire quand la vie quotidienne offre tant de sujets d'évasion, de jeu. Le refuge du bistrot, pour ceux qui vivent à l'étroit, le refuge de la cigarette pour ceux qui pensent à l'étroit, le refuge de la drogue pour ceux qui rêvent à l'étroit. Avant de les supprimer, ces refuges, et de taxer à bon droit les tenanciers, les buralistes et les revendeurs, s'il arrivait de se demander combien de rêves de campagne ou de mer sont composés dans les quelques mètres carrés d'une chambre triste. Ouverture vers le large, même nauséabond, de gens qui veulent briser les barreaux, rêves fous, utopies, absence de réalisme. Le réalisme c'est la vie en noir. Il en est qui viennent au monde vêtus de teintes sombres. Ils ne connaissent pas la couleur.

« Le café est fait, docteur. Allez le boire à la salle à manger.

— Pourquoi pas dans votre chambre?

— Si vous voulez. Dire que j'aimais tellement ça. Cela fait au moins deux ans que je n'en ai pas bu.

— Et si vous en buviez ce matin?

— Vous croyez que je peux? Que je suis bête! Bien sûr que je peux. Ce matin, je suis libre. »

On a bu le café avec elle. On a parlé un peu. De son chien; de ses fleurs bien sûr, dont M. Jules allait s'occuper maintenant.

Homme grand, silencieux jusque-là, campé droit, le visage coloré, un peu emprunté comme tous ceux qui ont vécu dans la nature sans jamais se préoccuper des contingences urbaines, M. Jules avait vécu seul toute sa vie : marin, garde-chasse, solitaire (elle l'appelait son sanglier), il avait alors pris en affection la « petite dame » dont il partageait les jours, dont la taille paraissait encore plus petite et la stature plus fragile auprès de la sienne.

« T'inquiète pas, Maman. »

Il disait Maman à la femme qu'il aimait et qu'il avait rencontrée à la fin de son existence d'homme seul. Maman, le plus joli mot d'amour que le vocabulaire des hommes ait jamais inventé.

Un condamné à mort qui appelle sa mère, et les avocats généraux les plus dénués de cœur sont obligés de se taire un moment. Souvent certains malades, à la fin d'une existence difficile et d'une maladie douloureuse, certaines personnes déprimées dont la vie quotidienne fait parfois des heures qui passent un véritable calvaire, l'appellent dans leur solitude. Recherche du seul séjour totalement heureux que tous, quelles que soient les vicissitudes ultérieures, auront connu, le ventre de leur mère. Détresse des orphelins après avoir perdu cette béquille de certitude qui, aux pires moments de la vie, permet de se remettre debout ou de relever la tête...

« T'inquiète pas, Maman.

— Maintenant je suis prête.

— Vous ne voulez pas encore attendre un peu? Je peux revenir.

— Vous êtes fou! Je vous ai déjà fait trop attendre. Pas de supplément inutile. »

M. Jules a demandé :

« Est-ce que je peux rester? »

Il est demeuré debout à côté d'elle. Elle s'est endormie, très vite. Il lui a fermé les paupières, lui a embrassé le front, les joues, puis est parti pour que personne ne le voie s'essuyer les yeux de sa grosse main maladroite d'homme de la terre.

La fille est restée avec lui pour veiller sa mère. Le beau-fils a ramené le médecin à Paris.

ÉPHÉMÉRIDE

On sait que la Vie, la première bactérie, est apparue sur la Terre, il y a plus de deux milliards d'années. Différentes espèces se sont succédé jusqu'à celle dont nous sommes la filiation directe, l'Homme de Néandertal il y a 100 000 ans, l'Homo Sapiens il y a 30 000 ans. Nous avons commencé à utiliser les ressources de la terre et découvert l'agriculture il y a 10 000 ans. 4 000 ans nous séparent de la civilisation crétoise, 3 000 ans de celle de Mycènès et 2 400 du grand siècle de la sagesse athénienne. Pour les juifs, nous sommes en l'an 5746 de la Création du Monde, pour les musulmans en l'an 1363 de l'Egire, pour les chrétiens en l'an 1985 de l'Ere. Cent générations séparent l'être humain d'il y a 2 000 ans. Cent générations pour la souris c'est 20 ans, pour la bactérie 36 heures. Ramené à leur échelle, le Sauveur de la Souris est arrivé il y a 20 ans et celui de la Bactérie il y a un jour et demi. Alors que la terre est vieille de 4 milliards et demi d'années et la Vie de 2 milliards, qu'on le veuille ou non, qu'on le recherche ou pas, le fait d'inscrire depuis l'enfance la date sur son cahier d'écolier, le fait de vivre avec une telle éphéméride crée une habitude qui relie le début de notre temps, et par extension le début du temps, à une date précise. D'où l'appréhension de l'an 2000 comme ce fut le cas de l'an 1000. On ne peut évidemment construire un nouveau calendrier qui fasse état de l'arrivée de la Vie sur la Terre avec 9 chiffres, de l'arrivée des premiers Hommes avec 6 chiffres ou de celle de l'Agriculture avec 5 chiffres, mais on peut imaginer le bouleversement que cela entraînerait dans les pensées des êtres humains d'aujourd'hui, qui se trouveraient reliés à la seule réalité de leur existence : leur filiation originelle et naturelle commencée il y a plusieurs millions d'années. Jetés dans le tourbillon des siècles, ils se croiraient peut-être moins indispensables à la marche du Monde. On ne peut jamais effacer la première impression. D'avoir entendu dans l'enfance un récit par ailleurs assez beau (toutes les religions sont belles) demeure à jamais ineffaçable. Et d'avoir pensé pendant plusieurs années que le monde avait commencé il y a moins de 2 000 ans, ou moins de 10 000, trace une frontière au passé des autres, de la nature, qu'il va être difficile de déplacer vers l'arrière. Avec la seule vraie révélation : la Vie aurait pu ne pas être.

CATHERINE

MAIGRE, brune, les cheveux flous tombant sur le cou, le visage pâle, le regard noir apparaît triste et un peu abattu, une fois qu'elle a enlevé ses lunettes de soleil.

« Je voudrais que vous m'écoutiez. J'ai vingt-sept ans. Je lutte depuis plus de cinq ans contre un cancer du sein qui ne m'a laissée en repos que quelques années. Ça va de mal en pis depuis deux ans. Récidives cutanées, irradiation, chimiothérapie, métastases osseuses, douleurs, irradiation, chimiothérapie, les poumons, chimiothérapie, hormonothérapie, la fatigue, la lassitude. Je n'en peux plus. Aidez-moi.

— Comment êtes-vous venue?

— En taxi. Je sais, je peux me déplacer. Mais si je vous dis que j'en ai assez.

— Je vous crois. Vous n'avez pas d'amis?

— J'en avais. J'en avais beaucoup, mais je les comprends. Eux aussi, ils en avaient assez.

— Vous n'en avez plus?

— Plus un seul.

— Les filles aussi?

— Oui, les filles aussi. »

Et elle élève presque violemment la voix.

« Il faut comprendre. Elles en avaient marre de me supporter, de me traîner. D'abord, elles appelaient souvent, puis moins souvent. Au début je rappelais, à la fin j'étais trop lasse. J'ai guetté souvent, puis j'attendais. J'attends à peine.

– Vous vous souvenez de leurs noms?

– Bien sûr! Paule, Elise, Louise, Jean, Honoré, Françoise, Pierre...

– Ils vous manquent?

– Plus tellement. C'est la vie qui me manque. Eux sont du côté de la vie. Plus moi. Alors, en dehors de ma sœur, et encore, personne... Vous ne voulez pas m'aider?

– Ce n'est pas facile.

– Je sais. Vous ne pouvez pas venir chez moi? J'habite toute seule.

– Les gens doivent vous connaître?

– Oui, mais ils ne font pas attention.

– Quand?

– Dans la journée, ce soir, si vous pouviez, ce serait tellement gentil. »

L'accord se fait. Elle sourit en partant, pour la première fois. Elle retéléphonera pour fixer la date.

Quelques longs jours plus tard (elle a dû attendre, la pauvre, le maximum).

« Vous voulez toujours bien? Alors quand?

– Mercredi soir vingt-deux heures.

– Je vous attends.

– Votre adresse? La rue?

– C'est au fond d'une allée. Je crois que vous arriverez à trouver, mais je peux vous expliquer.

– Non, j'ai l'habitude d'aller en banlieue. »

Mercredi soir, il pleut. La ville est difficile à trouver. La rue où elle habite ne paraît pas si facile. Arrêt à un café :

« Vous connaissez la rue...? Vous connaissez, vous? »

Des types un peu éméchés :

« C'est derrière la rue Garibaldi... non derrière la rue De Gaulle. Ah! Il faudrait que tu arrives à te mettre d'accord... Il faut passer une avenue, tourner deux fois à gauche... » Et un troisième reprend : « Mais la troisième à droite est sens interdit... »

Ça n'en finit pas! Demandes à des passants. Un car de police ralentit au passage de cette voiture qu'il croise pour la deuxième fois. On essaie de l'arrêter. Il ne s'arrête pas. Jusqu'à minuit sous la pluie. Pendant deux heures recherche d'une adresse impossible. Et dire qu'elle n'a même pas laissé son numéro de téléphone... et dire que je n'ai même pas pensé à le lui demander. Et elle doit attendre. Si seulement elle a eu l'idée de prendre un somnifère...

Rentrée sur Paris, nocturne et froide. Dégoûté de soi, dégoûté de tout. Vantard, qui croyait connaître la banlieue.

Le lendemain, coup de téléphone de sa sœur : Catherine est morte. En se jetant par la fenêtre. C'est tout. Pauvre Catherine, lâchée par tout le monde, même par un médecin qui lui avait pourtant promis... Et qui éprouve à son sujet une des grandes peines de son existence. Incapable de l'aider, incapable de la secourir. Petite Catherine qui a vécu ses dernières heures toute seule, comme elle avait vécu ses dernières années.

Que fallait-il faire, donneurs de leçons, belles âmes? Ce que ce médecin a fait? Bel acte manqué pour « évacuer » sa responsabilité et laisser une personne affronter son destin avec ses pauvres moyens d'infirme? Ainsi, sauvegarder la belle image du médecin intègre, qui « même le couteau sous la gorge », comme l'a écrit un des distingués cancérologues français, ne le ferait jamais.

Celui qui écrit ces lignes, et qui le fait pour la première et la dernière fois à la première personne, déclare seulement qu'il regrette de ne pas avoir pu aider Catherine. Pas une malade, Catherine. Pas une femme désespérée, Catherine. Pas une patiente au long cours, Catherine. Pas une cancéreuse, Catherine. Et que si c'était à refaire, il le ferait. Il arrive qu'on se pose parfois la question : dois-je le faire ou pas? Dans un cas semblable, une fois que pour un motif quelconque on n'a pas pu, ou qu'on n'a pas été capable, on évalue à la mesure du regret ressenti ce qu'on aurait dû faire, reposant en ses termes véritables le choix fondamental de l'existence, en présence d'un malade perdu, en présence de n'importe quel problème posé à l'être humain, sorte de refuge de la conscience morale : « La question n'est pas de savoir, disait Emmanuel Kant, que puis-je faire, mais que dois-je faire? »

SUICIDE

Vous n'avez pas le droit de retirer la vie. Sa vie ne vous appartient pas. Elle ne lui appartient pas à elle-même. Elle lui a été donnée. Seul, celui qui la lui a donnée peut la lui reprendre... Non, la vie n'est pas donnée à l'individu. A la porte de la vie, au sortir des neuf mois de guidage dans le corps de sa mère, c'est à pleins poumons et par un cri d'effroi douloureux qu'il décide de faire partie de la société des vivants. Qu'on ne raconte pas qu'il l'a volé, ce droit. Il l'a acquis au prix du plus grand effort de son existence. Et il a le droit d'en disposer comme il l'entend.

EUTHANASIE

Le droit à la mort existe-t-il?

Le droit à la mort gagne du terrain. L'euthanasie, même active, est à l'ordre du jour. Dans de nombreux pays, Grande-Bretagne, Pays-Bas, Danemark, France même, des individus en parlent et créent des associations. Le but en est, plus encore que de regrouper les personnes décidées à interrompre une vie qui devient pour eux sans valeur ou sans signification, d'empêcher que leurs derniers moments soient prolongés inutilement s'ils doivent les vivre dans l'inconscience après un accident grave, au cours d'une maladie inguérissable.

Un papier, testament des derniers jours, qu'on aurait dans sa poche, témoignerait de cette demande formulée en pleine conscience de vie, pour les heures où celle-ci serait terriblement atténuée. Une sorte de commande des dernières heures en quelque sorte : ne m'empaquetez pas trop tard. Sorte de bulletin de livraison : pas de retard pour l'expédition, inutile d'attendre que le colis soit défraîchi. Vue à peine triviale. Un individu étant maître de sa propre existence et de ses jours à vivre, il peut décider en pleine conscience, en pleine possession de ses moyens physiques et intellectuels, que c'est aujourd'hui qu'il choisit pour sa vie entière, et surtout pour le moment où celle-ci, déjà éteinte par l'arrivée du trépas, ne lui appartiendra plus. Mais cela entraîne, commande, ordonne un corollaire, c'est que le porteur d'une maladie grave et éventuellement inguérissable soit averti de la gravité de son état. Faut-il signer pour un accident de la route, un accident d'avion?

En fait, je prendrai quand même l'avion tout à l'heure, cela arrive surtout aux autres. Mais si déjà, dans mon corps, la maladie avec son cortège de dames blanches gémissantes que sont les douleurs, de pantins vêtus de noir que sont les limitations de mon fonctionnement physique, si déjà « cela commence », pourquoi ne me le disent-ils pas? Le droit à l'euthanasie va de pair avec le droit à la vérité. Et il faut témoigner, de façon presque solennelle, que les personnages qui sont les principaux défenseurs de ce droit à la mort sont parallèlement des laudateurs du droit au mensonge : droit à la vérité pour mourir, droit au mensonge pour vivre. Conception folle de l'existence où le principal hommage est rendu non pas à la vie mais à la mort. Et les pauvres s'endorment sans savoir. On les a avertis ou on fait semblant. Puis on ne leur en a plus parlé, et la succession de leur entreprise, de leur institut, un moment entrevue, est laissée pour compte. Si c'était encore, comme le disait Alexandre, pour la laisser au plus digne! Ils dirigent un pays, un institut de recherches, un journal. Auraient-ils signé un tel papier, comment aurait-on respecté ce vœu porté par quelqu'un de conscient vis-à-vis de quelqu'un qu'on fait vivre dans le mensonge? On peut le faire. Le mensonge peut être justifié. Mais qu'on nous épargne ces phrases ronflantes pour l'humanité en général quand on n'est pas capable de respecter cette demande pour ceux qui nous sont proches. Définition presque caractérielle de la vie sociale. On parle dans les colonnes des journaux comme dans les dîners pour épater les voisins, pas pour faire avancer les choses. Ce droit à la mort, parlons-en, alors que c'est du droit à la vie qu'on devrait parler. Le droit à une mort digne, c'est le droit à une vie digne. Le droit à une agonie digne, c'est le droit à une fin de vie digne. Ce n'est pas le droit à la mort. Le droit à la mort n'existe pas. Pourquoi parler du droit de ce qui est obligatoire?

D'abord, qu'est-ce que cela veut dire euthanasie, mort douce? Joli mot, belle pensée, douce sonorité. Le problème posé n'est pas dans l'exécution, il est dans le moment. Fait-on mourir doucement, même gentiment, des gens qui ne demandent qu'à vivre : handicapés physiques, vieillards inutiles sous Hitler, condamnés à mort dans des pénitenciers américains endormis définitivement à l'aide d'une seringue? Non, on les assassine. On distingue aujourd'hui deux types d'euthanasie : l'euthanasie active, poser une perfusion par exemple, et l'euthanasie passive, arrêter un appareil par exemple. La première donne la mort, la seconde empêche de continuer à vivre. C'est poser le problème en termes techniques purs : ouvrir un robinet est-il plus grave que le fermer?

DISPARITION

Chose parmi les choses, jeté dans ce monde après des millénaires, né chose pensante, ne parcourant qu'une fraction du fleuve du temps, je préfère décider de couler moi-même plutôt que sombrer si le bateau est irréparable. Navigateur au long cours dont l'embarcation de plus ou moins bonne qualité ne verra pas plus d'une centaine de fois la même face du soleil que la terre met quatre saisons à contourner... C'est la pensée qui détient le cours des choses en essayant de les changer de place, la simple conscience d'exister, cette sorte de creux de plus en plus profond, irremplissable, ce malaise qui nous fait parfois dire quand nous nous y plaçons « Qui suis-je? » Je ne suis que ce que les autres voient. Je suis déterminé par les autres, les vents, la géographie. Le repli sur moi-même, c'est lorsque je me mets tout seul à ma fenêtre intérieure, sorte d'étoffe mentale qui n'en finit pas de se replier sur elle-même, à l'infini, et il y a un moment où je dois décider d'arrêter. Je n'arrive pas à en toucher le fond : lorsque je crois y arriver, je n'existe plus moi-même. A force de réfléchir sur mon être, c'est le non-être que je trouve. Tout est organisé. Tout coule de source. Un écrit en induit un autre mais il induit aussi l'imprévisible. C'est parce que tout est prévisible que le monde existe, et c'est la part de l'imprévisible qui fait que moi j'existe. La destruction de la vie sur la terre à l'aide d'armes nucléaires est à portée de main. Ayant enfanté après des milliards d'années un enfant qui la comprendrait, petit-fils de l'Homo Sapiens, la Terre risque de disparaître : voleur du feu à la matière, pouvant ainsi faire éclater la planète et la réduire en cendres, avec l'aide d'armes entre les mains de commandants devenus fous, Prométhée permanent à la quête de secrets qui l'entourent, si l'homme finit par faire sauter la terre, il ne ferait qu'accomplir, en définitive, l'acte dérisoire analogue à celui qui a fait naître la vie sur la terre il y a des millénaires : le Rien retrouvé.

MADAME LAUBRY ET SA FILLE

MADAME LAUBRY est accompagnée de sa fille. Elle a une quarantaine d'années et une génération à peine la sépare de cette jeune fille brune, aux yeux foncés, dont le visage plein, presque sans marque, rappelle, en dehors d'un regard moins clair, celui de sa mère il y a vingt ans. C'est le souvenir des parents qui porte leurs enfants, et il y a toujours dans la ressemblance qu'ont les plus jeunes avec ceux qui les ont mis au monde et élevés, une nostalgie qui n'est pas du côté qu'on croit : les traits de la mère présents chez la fille lui donnent un âge qui n'est pas tout à fait le sien. Elle est déjà une autre, souvenir futur, étrange miroir que l'image met une vingtaine d'années à traverser.

Mme Laubry est vêtue d'une robe clair (on est au mois d'avril) et sa fille porte un ensemble noir.

« Madame...

— Voilà, docteur, commence-t-elle, d'une voix presque guillerette, je viens pour voir si vous pouvez m'aider.

— Si je peux...

— J'ai eu un cancer de l'estomac, il y a à peine plus d'un an. On m'a opérée. On m'a enlevé l'estomac. Au début, cela a été un peu difficile, mais les suites opératoires ont été bonnes. J'ai bien écouté les conseils du chirurgien et appris à m'alimenter par petits repas. Il a fallu évidemment s'habituer, mais j'y suis parvenue. Nous nous sommes offert, ma fille et moi, un voyage dont nous rêvions depuis des années, l'Italie. Florence, Venise, Ravenne, Sienne... On a été heureuses. Bien sûr, de temps en temps, il m'arrivait de faire des excès, mais les pâtes italiennes sont si bonnes! Tout allait très bien jusqu'à il y a trois mois. J'ai recommencé à être gênée pour digérer, comme la première fois, puis à ressentir quelques douleurs. Je suis retournée voir mon chirurgien. On a refait des radios. Je vous les ai apportées.

– Faites voir. »

Pendant que le médecin place les clichés sur le négatoscope :

« Lorsque mon chirurgien a regardé les images, il est resté muet. « Docteur, lui ai-je demandé, ça « recommence? » Il ne répondait pas. J'ai compris. « Alors, on réopère. »

– Non, madame, ce n'est pas la peine.

– Ce n'est pas la peine ou ce n'est pas possible? »

Les clichés montrent un aspect nuageux qui traduit la réapparition de la prolifération maligne au niveau de l'abouchement des deux parties du tube digestif opéré un an plus tôt.

La malade continue :

« J'ai compris que cette fois c'était trop étendu.

– Ce n'est pas ce qu'il a dit.

– Que c'était une rechute, ou une récidive, peu importe.

– Peu importe, en effet.

– Que me reste-t-il? L'irradiation? En cas de cancer gastrique, elle est peu efficace... »

Et peu à peu, la malade va transformer ce colloque en un monologue, faisant les demandes et les réponses :

« Vous allez me proposer une chimiothérapie, inutile ou si peu efficace, au prix de fatigue, d'amoindrissement. De toute manière, je ne guérirai pas, il est trop tard, il aurait fallu commencer plus tôt. Alors, sauter pour mieux sauter, aller en dépérissant... Vous savez bien qu'il n'y a plus rien qui puisse me guérir... »

« Depuis deux mois, j'ai un peu plus de mal à avaler, les aliments passent moins bien. J'ai dû avoir recours à des aliments hachés, puis à des aliments tout préparés, comme pour les bébés. C'est ma fille qui les prépare. Elle me nourrit comme une enfant. Je suis devenue la fille de ma fille. Depuis trois semaines, cela s'est accentué. De l'eau sucrée arrive à passer, grâce aux antispasmodiques, grâce aux calmants. Et, depuis quelques jours, malgré eux, même l'eau c'est difficile. Ça doit être presque complètement bouché. Bien sûr, je suis retournée voir mon chirurgien, mon médecin. Ils m'ont proposé une gastrostomie, qui me permettra de m'alimenter en court-circuitant la tumeur et en faisant passer les aliments directement dans l'intestin, par une ouverture à la peau. Je serais ainsi alimentée à l'aide d'un entonnoir, comme une oie, pour ne pas dépérir trop vite. On n'empêchera pas le cancer d'évoluer. On ne fera que prolonger inutilement mon existence.

« Et c'est là, docteur, que je veux en venir. C'est pour ça que j'ai demandé à vous voir. Je veux que vous m'aidiez. Je sais que je suis perdue. Je suis fichue. Ne m'abandonnez pas. Je ne veux pas donner à ma fille, que j'ai élevée seule, l'image d'une mère délabrée, d'une femme réduite à un tube digestif. Je suis maigre, vous voyez bien, très maigre, mais je suis encore présentable. Je me suis maquillée, je me suis arrangée. Je me prépare chaque matin à affronter la journée et le regard des autres dans des conditions acceptables. Ce n'est pas trop mal réussi, n'est-ce pas? Mais j'arrive maintenant à la limite. D'ici peu, je commencerai à avoir honte de moi, je ne le veux pas. Je sais, ce n'est pas ma faute, c'est la maladie, je n'y peux rien. Mais je veux quand même éviter de devenir une sorte de loque humaine, une guenille. Je ne veux pas du laisser-aller de la mort. Empêchez-moi d'aller vers la déchéance, aidez-moi à ne pas être dégradée. Je ne veux pas que ma fille ait de moi cette dernière image d'une mère déchue. Je vous le demande simplement : aidez-moi. »

Après quelques instants de silence, la seule question du médecin s'est adressée à la fille aux yeux assombris :

« Qu'en pensez-vous, mademoiselle?

— Maman a raison...

— On ne peut rien décider tout de suite. Ce n'est pas le devoir ni même le travail d'un médecin. Notre métier, c'est de prolonger la vie, pas à n'importe quel prix, c'est vrai, mais il n'est en aucune manière de la raccourcir.

— Je sais ce que ma démarche peut avoir d'inhabituel, de saugrenu. Soyez gentil de bien vouloir la considérer quand même.

— Je vais réfléchir.

— Est-ce que je peux vous rappeler?

— Si vous voulez, après-demain à midi. »

Le surlendemain, à midi, Mme Laubry téléphone :

« Alors, docteur, est-ce que vous avez réfléchi?

— Et vous, madame?

— Vous savez bien, c'est tout réfléchi.

— Laissez-moi encore quelques jours : ... deux ou trois jours... »

Deux jours plus tard, téléphone d'un médecin :

« Ici, le docteur Dubreuil. Je suis le médecin traitant de Mme Laubry. Je la soigne depuis plus d'un an.

Je connais sa demande. Je voudrais en parler avec vous. »

Il vient à l'hôpital :

« Je connais bien Mme Laubry et sa fille. »

Il est tout jeune et garde encore cette naïveté, cette espérance du jeune médecin de quartier que finissent trop souvent par émousser les avatars de la vie, de la vieillesse, et aussi, il faut bien le dire, les échecs de la profession.

« Je suis installé depuis peu dans le quartier. Deux ans. Ces deux femmes ont été parmi mes premières malades, elles sont presque devenues des amies. C'est vous dire que je connais bien l'histoire de cette malheureuse femme. Je sais ce qu'elle est venue vous demander. Je crois qu'elle a raison. Elle m'en parle depuis plusieurs semaines. J'ai résisté. Maintenant, je suis convaincu, je suis d'accord avec elle. Seulement voilà, je ne peux pas. Je ne sais pas. Je n'ose pas seul.

— Et moi, croyez-vous que j'ose facilement, comme vous dites?

— Non. C'est justement. Je voulais vous proposer qu'on soit deux. Ce serait moins dur pour chacun. »

Le cas médical de Mme Laubry est à nouveau passé en revue, analysé attentivement. Quoi qu'on fasse, on bute toujours sur : de toute manière ça va s'aggraver assez vite. On décide de rester en contact.

Un rendez-vous est pris quatre jours plus tard, un soir où Mlle Laubry se trouve absente de Paris pour un stage professionnel en province, afin qu'elle ne sache jamais que ce qui s'est passé cette nuit-là était la réalisation du dessein de sa mère et qu'elle puisse songer à un caprice du destin.

Un soir, vers vingt-deux heures, au troisième étage d'une maison d'un des immeubles d'un arrondissement populaire, le plus vieux des deux médecins retrouve le plus jeune auprès de la malade. Elle l'accueille en chemise de nuit rose, dans un lit aux draps blancs, lui tend les bras, ce qui ne peut qu'accentuer son malaise. « Vous êtes un ange », dit-elle (Si oui, c'est un ange maudit).

« Ne vous en faites pas. Vous voulez m'examiner pour voir où j'en suis? Je suis si maigre. »

On la devine sous la chemise. Elle ressemble en vérité, sous cette chemise de soie, à une poupée grandie un peu trop vite, dont on n'aurait pas assez rempli le ventre de son...

« Maintenant je suis calme. Très calme. Je suis en paix. »

Et tandis qu'il bavarde, assis à côté d'elle, l'un des deux médecins, dont le rendez-vous avec Dieu est raté depuis l'enfance, aperçoit sur la table de nuit un chapelet et au-dessus du lit les deux branches croisées au cœur desquelles, la tête penchée sur une épaule douloureuse, l'image de celui qui a donné naissance au calendrier des jours de notre vie quotidienne... Ce qui va se passer ressemble à une sorte de suicide par personne interposée, et le suicide, dans la religion catholique... Alors, s'adressant à la malade, le regard sur le crucifix :

« Tout de même, madame,... »

Et la malade, d'une voix cinglante, n'admettant pas la réplique :

« Ça, docteur, ne vous en inquiétez pas, c'est une affaire entre lui et moi... »

Puis la voix redevient douce, on reparle d'autre chose. On envisage de placer une perfusion.

« Comment ça va se passer? »

– On va vous poser une perfusion veineuse.

– C'est embêtant tout cet attirail, toute cette machinerie, ce flacon, ce tube. Je préférerais quelque chose de moins compliqué. Une simple seringue. »

La conversation entre la malade et les médecins reprend. Puis au bout d'un certain temps, Mme Laubry :

« Maintenant, il est tard. Vous aussi, il faut que vous alliez dormir. »

La malade tend son bras, le médecin aborde la veine et déverse lentement dans le sang le liquide qui va endormir la malade. Elle a un peu chaud à la gorge et elle s'endort. Pour toujours.

Sa fille apprendra le lendemain que sa mère est morte. Elle ne demandera aucun détail.

LES DEUX RÉPONSES

Lorsque le médecin redescend l'escalier, il n'est pas fier de lui ni de sa profession. Il n'existait qu'une seule réponse à apporter, à la question posée par la maladie de cette femme, c'était de la guérir. En dehors de cette unique, de cette seule réponse, toutes les autres sont mauvaises. Elles sont plus ou moins mauvaises selon les cas, selon le lieu où l'on se place, mais elles sont toutes mauvaises. On peut choisir de prolonger la vie à tout prix, par n'importe quel moyen, même artificiel, et honorer ainsi le serment qu'on a prêté jadis au début de sa carrière devant l'effigie d'Hippocrate. On peut aussi décider de répondre à l'appel désespéré de cette femme condamnée à mort par notre insuffisance scientifique actuelle, et du moment qu'on n'est pas capable de la guérir, au moins essayer de ne pas la laisser s'amoindrir. De toute façon, qu'il s'agisse de la première ou de la deuxième, la réponse est mauvaise. Seulement, dans un cas elle paraît moins mauvaise que dans l'autre. Il existe dans la vie des situations auxquelles on ne peut apporter que de mauvaises réponses. Cela ne signifie pas qu'on ne doive pas répondre.

Ne pas répondre, c'est aussi une sorte de réponse, la plus sale de toutes, qui ne vous donne pas forcément bonne conscience. Une fois son absence de décision prise, une fois le laisser-aller criminel accompli, Ponce Pilate est tout de même allé se laver les mains. Ce qui témoigne qu'il ne se sentait ni propre ni net. Compensation de la conscience criminelle, le lavage des mains de Ponce Pilate témoigne pour les siècles à venir de la mauvaise conscience des bourreaux et des tortionnaires qui ont toujours besoin de justifier leurs crimes. Etrange hommage du vice à la vertu que cette bonne volonté des massacreurs qui justifient leurs méfaits par un discours moral : Sécurité de l'Etat, Honneur de la Nation, Respect de la Religion. Homme de bonne conscience que Torquemada...

Après avoir effectué un tel geste, on n'est pas fier de soi. On n'a pas à en rougir non plus.

Un jour, une vieille dame de quatre-vingt-deux ans, peintre, devenue aveugle, avait demandé au médecin le secours de tablettes de sauvetage pour éviter de devenir la proie de l'ennui, du désespoir et d'une vieillesse sans fin. Une fois les tablettes en sa possession, et sachant qu'elle pourrait, lorsqu'elle le voudrait, arrêter le cours d'une vie désormais sans but et sans lumière, la vieille dame aux yeux abandonnés redonne à ses mains le goût des choses perdues : puisqu'elle ne pouvait plus peindre, elle se mit à sculpter.

Pour l'avoir dit un jour et avoir semblé s'en vanter à la télévision, le médecin responsable s'est fait traiter de « médecin des hautes œuvres » par un certain docteur dans une publication hebdomadaire... Bourreau en quelque sorte, dénaturant le métier de médecin, le pervertissant par une profanation solennelle : au lieu de continuer à préserver la vie, à essayer de maintenir

230

un souffle de vie, il arrivait donc au médecin de donner la mort. Comme on dit dans les mauvais films : pas ça ou pas vous. Laissez cela à d'autres, aux exécuteurs des Hautes Œuvres. Précisément à la manière de l'avocat général qui a requis la peine de mort contre le prévenu, qui l'obtient et qui charge quelqu'un d'autre d'actionner le couperet fatal. Médecins, vous êtes là pour faire vivre, pas pour faire mourir. Vous êtes là pour soulager, pas pour endormir. Vous devez, en tout état de cause, respecter la médecine. Semblable à l'homme politique qui fait passer le souci de l'Etat avant celui des citoyens qui le constituent, le médecin doit faire passer le respect de la Médecine avant celui des malades qui en sont, à proprement parler, la matière.

L'ACHARNEMENT THÉRAPEUTIQUE

LES progrès de la médecine, parallèles à ceux de la science, ont permis de reculer les frontières de la vie : battements cardiaques perpétués grâce à un pacemaker; mouvements respiratoires et oxygénation effectués par un respirateur artificiel; épuration du sang assuré grâce au rein artificiel ou à la dialyse rénale; équilibre du milieu intérieur maintenu grâce à la correction des anomalies métaboliques à l'aide de perfusions : on peut continuer à faire vivre un individu à l'aide de ces prothèses.

Oui, mais qu'est-ce que la vie? Il arrive, moins fréquemment qu'on le dit mais plus souvent qu'on ne le souhaite, que ces végétaux humains continuent d'être abreuvés et nourris artificiellement pendant des jours, des semaines, voire des mois, s'il s'agit de personnages illustres, et pour des raisons autres que médicales. On a souvent prononcé ou écrit à ce propos les mots « raison d'Etat », ce qui est doublement impropre : d'abord parce que cette association verbale constitue peut-être le plus grand assemblage pornographique que le vocabulaire des hommes ait inventé : la raison, cet essai de prendre en main son destin, cet essai d'explication de soi-même et du monde, cette quête permanente qui permet à l'être humain, depuis qu'il a appris à parler, de s'élever au-dessus de sa condition – et l'Etat, mécanisme nécessaire des rapports sociaux, mais qui peut devenir un monstre froid, calculateur, désincarné, capable de toutes les exactions pour satisfaire sa soif de pouvoir. Ensuite parce que, en présence d'un individu au seuil de la mort, faisant face à ses dernières heures, le recours à cette raison est odieux, l'utilisation de cette presque dépouille, de cet uniforme, de ce corps qui ne représente déjà plus que la housse d'un passé sans aucun avenir, c'est l'abus du pouvoir le plus grand que puisse exercer une association de vivants sur un gisant. Surtout, imagine-t-on ce qui peut se passer dans sa tête? Une malade est en salle d'opération, anesthésiée. Le chirurgien opère, la panseuse lui passe les instruments, le médecin traitant assiste. Quelques mouvements à peine ébauchés de la malade, comme il arrive parfois lorsque l'anesthésiste administre au minimum par précaution les produits qui calment et qui endorment, et le chirurgien : « Madame, j'ai l'impression que votre malade ne dort plus assez », ou, quand il veut être plus incisif : « J'ai l'impression qu'elle se réveille. » Une bouffée supplémentaire dans le circuit et le corps retrouve instantanément son immobilité.

L'intervention une fois terminée et la malade dans son lit :

« Je me suis réveillée pendant l'opération.

– Qui vous l'a dit?

– Moi.

– Impossible.

– Quoi, impossible! » Et elle répète mot pour mot toutes les paroles échangées au-dessus de son corps assoupi.

Elle avait entendu, elle avait assisté, mais elle ne pouvait réagir. Allongée, endormie, fatiguée, presque épuisée, elle ne pouvait faire ni même ébaucher le moindre geste. C'était un trop grand effort.

Imagine-t-on ce qui a pu se passer dans la tête de Tito, lui qui ne voulait pas qu'on l'ampute, s'il s'est vu l'objet de tels soins empressés? Si dans l'impossibilité où il se trouvait, submergé par les vagues de fatigue, en deçà du niveau de la possibilité d'expression ou de manifestation, au bord de la noyade, il ne pouvait qu'assister, impuissant, aux soins (ose-t-on encore utiliser ce mot?) apportés à son enveloppe? S'il voyait sans pouvoir parler et sentir, car il ne devait pas souffrir – on a des calculatrices pour cela –, sans la capacité du moindre geste, imagine-t-on le degré de souffrance morale, et qu'il ne dormait pas? Quel autre nom donner à tous ceux qui se sont héroïquement relayés autour de lui pendant plus de trois mois, si les mots ont un sens, sinon celui de tortionnaires?

On entend aujourd'hui, en haut lieu, des médecins, des journalistes, des écrivains réclamer le droit à l'euthanasie active. Le petit papier qu'on devrait avoir sur soi pour éviter l'acharnement thérapeutique... « Transporté inconscient après un accident de la route, affaibli de toutes mes potentialités par une maladie évolutive, atteint par la sclérose de l'âge : Je demande, ou même j'ordonne, que s'il m'arrive à cause d'une maladie, d'un accident ou pour quelque raison que ce soit, de ne plus jouir de mes facultés mentales ou physiques, et que la guérison ne garantisse pas la restauration de ces facultés : 1) que l'on ne m'applique aucun remède ou technique se proposant de me maintenir en vie ou de me prolonger physiquement; 2) que l'on ne m'applique aucun remède technique se proposant de maintenir ou réveiller ma conscience; 3) que l'on ait recours à l'euthanasie dite active... » Date et signature; Nom et adresse de deux témoins (n'ayant aucun lien de parenté).

Ce papier, écrit en toute conscience, « au mieux de ma lucidité et de ma vie », je demande qu'on en respecte les termes et qu'on ne prenne pas contre celui que j'ai été, au nom de l'infirme que je vais devenir, la décision de faire survivre à tout prix et par tous les moyens ce corps définitivement meurtri, dans lequel la mort vient déjà de faire son entrée...

Et pourtant... Il est âgé de quarante ans. Il est frappé d'une maladie dont l'aggravation progressive est aujourd'hui encore irrésistible. Il a écrit, il a dit devant notaire que même s'il acceptait de vivre dans un établissement spécialisé, au milieu d'autres personnes atteintes de la même affection, s'il acceptait d'être soigné presque continuellement par des infirmières et des médecins aux aguets, s'il acceptait de vivre sur une chaise, avec des doigts articulés et qu'on le nourrisse à la cuillère, il n'accepterait jamais le recours ultime de la respiration artificielle...

Un jour, il a du mal à respirer. De plus en plus de mal. Il est au bord de l'asphyxie. On respecte son vœu. On lui demande : « Est-ce que vous voulez? » La réponse vient des yeux qui acquiescent, des mains qui se tendent vers le tube à oxygène.

Il vit depuis plusieurs mois à l'aide de ce respirateur, alimenté par des mains offertes mais étrangères, se mouvant dans un lit roulant gardé par une infirmière. « Oui, je l'avais écrit. Et quand le moment est arrivé je ne peux pas dire que je me sois renié. Non. Mais vous comprenez, la vie, la Vie! Même atténuée, même diminuée, même amputée, c'est la vie. Je n'étais pas le même, simplement. Je ne regrette rien. »

Quelqu'un à l'audace de lui poser la question : « Quand vous serez mort, enterrement ou crématoire? Porté en terre ou brûlé? » « Ça me serait égal. On pourra bien me brûler. » Encore un pari fou sur l'avenir. Qu'en sait-il avant?

Quel est le plus vrai des deux hommes? Celui, en pleine forme de la cinquantaine, ou celui affaibli de la huitième décennie? Le fort ou le faible? Qui donne le droit de décider? L'énigme de toute existence, décrite depuis le Sphinx, qui fait qu'on termine en boitant et en s'aidant parfois d'une canne une existence commencée à quatre pattes, est-elle résolue par le choix de l'âge adulte où on marche debout?

Il a trente ans. Il voit son vieux copain atteint d'un cancer du côlon qui, rompant leur serment de jeunesse de ne jamais tolérer de mutilation qui attente gravement à l'intégrité de leur corps, finit par accepter ce qu'on appelle une dérivation, c'est-à-dire un anus artificiel, et l'évacuation quotidienne de ses matières par une poche placée à même la paroi abdominale. Il ne comprend pas. « Mon vieil ami. On s'était pourtant juré. »

Vingt ans plus tard, atteint à son tour d'un cancer du larynx, c'est à son vieux copain qu'il va demander la réponse à la question fondamentale : est-ce que je peux accepter de perdre ma voix pour conserver la vie? A son tour, il finit par accepter l'amputation du larynx. Il avait pourtant juré, lui aussi...

Serments d'ivrognes, serments de personnes ivres de la vie, qui prennent des paris sur l'invisible, sur l'inconnu, sur l'imprévisible. Le compteur doit continuer à tourner, même moins vite, même moins régulièrement, mais tourner, tourner, jusqu'à son terme, le terme le plus lointain.

Alors, le petit papier... restitutio ad integrum? Jamais possible. On ne peut pas amputer? Le traiter. Le faire sortir du coma. Et une fois sorti, sa conscience retrouvée, il décidera. En toute conscience, lui-même. Personne d'autre. S'il ne veut pas de cette nouvelle vie, il choisira. Personne d'autre. Seulement voilà, jusqu'où aller? Sans aller trop loin. Quand s'arrêter? Il existe des frontières qu'on ne doit pas franchir et que, seuls, nous connaissons. La conviction intime que cela ne sert plus à rien, pour elle, pour lui, et qu'on ferait mieux d'arrêter, de le laisser dormir définitivement. Aucun écrit, aucun papier, aucune loi ne peut nous délivrer cette autorisation. Aucune parole, aucun testament, aucun acte ne peut nous empêcher d'agir selon ce que nous pensons nous-même et qui donne, qu'on le veuille ou non, sa signification, sinon à notre vie, du moins à ce que nous en avons fait. Etre avocat, c'est défendre. Médecin, soigner. Coureur automobile, conduire. Athlète, courir. Artiste, peindre, sculpter, composer. A tout prendre, il est moins grave d'imaginer un hôpital où on ira le plus loin possible avec le risque d'aller trop loin, qu'un hôpital où pour ne pas risquer d'aller trop loin, on prendra le risque de ne pas aller assez loin. Difficulté de choisir. Difficulté d'être. Notre condition. Dont on ne sort jamais. Vivre dans l'angoisse certaines situations. Vais-je faire mal? Vais-je faire plus mal? Essayer de faire moins mal. C'est lorsque le bien n'est plus possible, pour un médecin :

guérir, que la difficulté existe. Le mal fait partie intégrante de la vie humaine, avec le bien, mais il est plus difficile à choisir. Les saints le savaient bien, qui choisissaient toujours le bien, et qui préféraient raconter des histoires de guérison miraculeuse ou de résurrection que des récits où les victimes auraient été averties, conscientes de ce qu'allait être leur destin. Les saints s'en sortent toujours, puisqu'ils ne sont pas de ce monde. Ils sont de l'autre, celui inventé par le rêve des hommes, au-delà des frontières de leur existence et qui n'existe pas ailleurs que dans leur cœur. Mais qui, pour ceux dont l'existence terrestre est une plaie continuelle, constitue le seul espoir. C'est parce que les injustices sur cette terre ne seront réparées nulle part qu'il faut s'efforcer de faire régner ici-bas le plus de justice ou le moins d'injustice possible. C'est parce que rien n'est jamais rattrapé qu'il ne faut rien laisser s'enfuir.

A partir de quel moment la persévérance médicale se transforme-t-elle en acharnement thérapeutique? A partir de quand les gestes quotidiens, les mesures permanentes, les traitements parfois sophistiqués ne servent-ils plus à renouer le fil d'une existence humaine, mais à prolonger seulement une respiration presque végétale? Il arrive qu'on ne s'en rende pas compte. Jeté dans la bataille pour la survie d'une personne, on peut ne pas prendre conscience qu'on est en train de perdre. Est-il possible d'établir une règle, un programme, une « grille », un contrat biologique? De s'acharner à réparer tel organe comme d'essayer de colmater telle brèche d'un bateau, alors qu'un autre organe flanche, qu'une autre brèche apparaît, et que cet affolement même tranquille dans les réparations successives ne pourra plus entraîner la remise sur l'eau? Un compte peut-il être établi des appareils en panne, trop nombreux pour que la réparation de l'un d'eux suffise, alors que les autres défaillent? Ce qu'on prend pour des difficultés provisoires, alors qu'il peut s'agir d'empêchement définitif. Des biologistes, des médecins s'efforcent aujourd'hui de faire objectivement de telles appréciations pour que de la manière la plus claire on décide soit de poursuivre une réanimation qui vaut encore la peine pour la vie, soit de tirer un trait sur ce qui ne peut plus être encore : la frontière est franchie, de l'acharnement thérapeutique, et mieux vaut ne pas continuer...

Pourtant il faudrait bien, si je ne suis pas en état de décider ce qui est mieux pour moi, qu'ils s'acharnent sur mon corps que je ne suis pas en état de défendre, ou qu'ils décident d'arrêter un combat qui n'a plus de sens puisqu'il ne défend plus rien qu'une charpente dont a disparu la flamme qui la maintient; il faudrait bien que je fasse connaître mon désir, mon souhait, mon vœu, celui de l'être humain que j'ai été pendant toutes ces années passées et que je ne serai plus jamais. Qui peut leur faire comprendre, qui peut leur faire savoir, qui peut les éclairer et leur demander d'arrêter? Le petit papier qu'ils vont trouver dans ma poche, revêtu de deux signatures de témoins indirects? Mes avant-dernières volontés? Et si ma volonté chancelle ou tout simplement se modifie? Si elle défaille?

Que quelqu'un alors me représente. Un témoin choisi de mes heures passées, de ma volonté profonde. Quelqu'un que je respecte, parce qu'il a les mêmes regrets que moi. Quelqu'un que j'aime, dont je souhaite qu'il partage ma vie jusqu'à la fin et qui puisse l'interrompre lorsqu'elle n'est plus ma vie. Quelqu'un à qui je délègue la partie la plus importante de moi-même au moment où elle ne sera plus exprimable. Le compagnon des jours passés qui devient le défendeur des jours inutiles, le légataire de ma mémoire.

Et s'il lui arrivait d'agir en contradiction avec ce que je lui avais demandé, s'il ne respectait pas ce que je lui avais présenté comme mes dernières volontés, s'il décidait de refuser de brûler des papiers que je considère comme inutiles parce que inachevés, par exemple les manuscrits qui s'entassent dans mes tiroirs et que je n'aurai pas eu le temps de terminer, tel Max Brod, exécuteur testamentaire qui viole la demande de son ami intime Franz Kafka et décide de publier après sa mort ce qui ne devait pas l'être? C'est que je me serai trompé, mais c'est peut-être aussi, si je l'ai choisi lui, que je voulais qu'il décide à ma place. Ce n'est pas pour rien que je l'aurai élu. Après tout, malgré ma demande instante et répétée, malgré mes supplications parfois, je le laisse libre de décider. Libre, parce que vivant quand je ne serai plus. Avec son choix ma vie continue. Le testament n'est pas un simple papier fixé parce que daté, il devient un testament vivant, sujet aux variations de l'existence d'un être humain. Lui, ou elle, que j'ai aimé, que j'aime encore, même si je suis incapable de le lui dire, mais qu'il, ou elle, entend. Et si l'image qu'ils ont de moi diffère de ce que je croyais, s'ils décident autrement que ce que j'avais demandé, ce sont eux qui ont raison parce que ce sont eux qui vivent et qu'ils me continuent. Avec eux, c'est encore ma vie qui se poursuit. Ils décident, pour moi, mieux que moi qui ne suis déjà plus. Après avoir partagé mes jours et mes pensées, ils deviennent responsables de mes jours à vivre ou à arrêter. Ils sont les seuls véritables légataires de ma vie, car ils sont devenus ma vie.

DÉFINITION DE LA MORT

LES progrès de la technologie médicale, les possibilités de prolonger la durée de la vie ou d'améliorer le fonctionnement d'organes naguère définitivement lésés et aujourd'hui remis en état, la nécessité de pouvoir prélever des organes sains dans le meilleur état de marche possible à des blessés sans espoir en vue d'une greffe, ont conduit à une nouvelle définition de la mort. Est considéré comme mort légal tout individu à la conscience perdue, extinction prouvée par trois électro-encéphalogrammes plats à quarante-huit heures d'intervalle.

La définition de la mort a changé. Elle était demeurée la même au cours des siècles, comme l'attestent aujourd'hui encore les mots des dictionnaires. Mort : arrêt de toutes les fonctions vitales. Le compagnon de combat, sur le champ de bataille, penche son oreille sur la poitrine de celui qui vient de tomber pour essayer d'entendre les battements de la vie. Le vieux roi Lear approche un miroir des lèvres de sa fille bien-aimée Cordelia, et voyant que le souffle de la vie ne le ternit plus, lui murmure tristement : « Reste encore un peu. » Le jeune interne des hôpitaux, avant de signer un certificat de décès, s'assure par une ponction artérielle de l'arrêt de la circulation du sang, source de vie.

L'interruption de ces trois battements de la vie, cardiaque, respiratoire, circulatoire, successive ou simultanée, accompagnée sinon suivie très rapidement de la mort de la conscience, permettait d'affirmer la mort. Aujourd'hui le cœur peut continuer à battre électriquement à l'aide d'un pacemaker, les poumons peuvent être ventilés mécaniquement à l'aide d'un respirateur, le sang épuré chimiquement à l'aide d'un rein artificiel, et le milieu intérieur équilibré à l'aide de perfusions; cette définition est donc dépassée. Un individu est considéré comme mort, il est décrété « mort » lorsque son cerveau est arrêté, lorsque ses cellules cérébrales n'émettent plus d'ondes électriques capables d'impressionner l'électro-encéphalographe. Le sang peut circuler, le cœur battre, les poumons respirer, cet individu est mort puisque sa conscience est abolie et que tout porte à croire, après vingt-quatre heures de silence électrique, qu'elle ne renaîtra plus. C'est la mort du cerveau, de la conscience, qui signe et définit la mort d'un individu. Cependant, certaines fonctions de la vie subsistent, parfois même sans trop de secours extérieurs, une simple perfusion veineuse. Mais un coma irréversible, appelé « coma dépassé », s'est installé. Certains malades dans le monde, dont une jeune fille tristement célèbre, témoignent qu'une certaine forme de vie continue. Vie végétative peut-être, vie inhumaine sans doute, mais vie quand même. Plante verte arrosée et alimentée quotidiennement, dont les échanges avec l'extérieur, si réglés et articulés qu'ils soient, se maintiennent et font qu'à un niveau inférieur la vie continue.

Cette nouvelle définition de la mort n'est ni médicale, ni biologique, ni scientifique. Elle n'est pas médicale : certaines fonctions de la vie de relation se perpétuent et certains organes continuent même à vivre une fois transplantés dans le corps d'autrui. Pas biologique : la plupart des cellules continuent à entretenir des échanges métaboliques entre elles et avec l'extérieur. Pas non plus scientifique, car la mort, c'est l'immobilité, et dans ce corps devenu immobile volontairement, la plupart des organes et des cellules continuent à se mouvoir. « Plante verte », entend-on souvent dire à propos de ces malheureux. Mais une plante verte, ça vit.

La nouvelle définition de la mort est d'ordre métaphysique. La mort d'un être humain est différente de celle de toutes les autres espèces vivantes. S'il ne continue à vivre que biologiquement, dépourvu de conscience, il est considéré comme mort, parce qu'il est mort à l'espèce humaine. Il n'est pas mort à l'espèce vivante. Il est mort de ce qui le différencie de tous les autres vivants. Il est mort dans sa conscience. Et les organes encore vivants peuvent être prélevés si nécessaire, rein, cœur, foie. Et la date légale de la mort sera celle du prélèvement, car le cœur prélevé bat encore : il va prendre le relais, il va permettre à un être vivant de continuer ses jours sur terre grâce à ses battements d'organe encore vivant. Une rose, coupée de son rosier, n'est morte qu'à partir du moment où elle est fanée. C'est la définition de la mort pour les espèces végétales. Un être humain privé de sa conscience est considéré comme mort, alors même que son enveloppe charnelle vit encore.

Mais si cette nouvelle définition de la mort est justifiée, et elle l'est, il faut alors en déduire les conséquences jusqu'au bout.

D'abord, qu'un être doué de conscience doit pouvoir poursuivre son existence aussi longtemps qu'il le souhaite et que la nature le permet. Que cette conscience n'ait plus que quelques années ou quelques mois à se manifester s'il s'agit d'un vieillard de quatre-vingt-dix ans victime d'une fracture du col du fémur, qui doit bénéficier de tous les services de la médecine, même si le nombre de jours ainsi gagnés semble réduit. Que cette conscience soit atténuée, s'il s'agit d'un enfant arrivé sur terre avec un handicap sévère, mongolien ou infirme, auquel on doit apporter toute l'aide médicale et sociale indispensable pour qu'il puisse profiter le plus longtemps possible et dans les meilleures conditions d'une existence programmée de façon différente de celle des autres enfants.

Mais aussi, à quoi bon réanimer un malheureux chez lequel tout espoir est perdu, chez lequel la conscience affaiblie et définitivement voilée ne reverra plus la lumière ? Ce n'est pas d'acharnement thérapeutique qu'il faut parler dans ce cas, pas d'obstination thérapeutique comme le voudraient certains qui veulent ainsi stigmatiser l'excès de services médicaux, ou d'acharnement de services comme le voudraient d'autres pour bien marquer que dans les services ainsi rendus le souci de l'ingénieur prime celui du thérapeute. C'est d'emballement technique, de jeu d'ingénieur qu'on devrait parler : le corps humain considéré comme un assemblage d'appareils.

Non pas qu'il n'y ait parfois une sorte de jeu désespéré de la vie auquel participent ensemble thérapeutes et malades dans le but de lutter, à peine perdue – mais c'est l'honneur de cet être limité dans sa vie terrestre que d'entreprendre de telles luttes –, contre une maladie fatale jusqu'à aujourd'hui : la lutte contre un destin malheureux revêt alors une certaine grandeur qui conserve une sorte de grâce, même sanctionnée par l'échec. Ce qui a permis un jour à une malade de dire à ses médecins, au crépuscule d'une telle lutte, donnant ainsi la plus belle définition peut-être qui ait jamais été faite de leur métier : « Au fond, vous êtes des Don Quichotte de l'absurde. »

LE DIPLOMATE

« Vous est-il déjà arrivé de décider sans que le malade sache? Vous est-il déjà arrivé d'arrêter les perfusions, d'entraîner l'arrêt du souffle, d'administrer des drogues entraînant la mort, sans que le malade le sache?

– Oui!

– De quel droit?

– D'aucun droit.

– Pourquoi ce pouvoir?

– Parce que je ne pouvais pas faire autrement.

– Pourquoi?

– J'étais coincé, bloqué par son malheur, par son inutilité à vivre. J'en ai eu assez. Je me suis dit que, si c'était moi, j'aurais bien aimé qu'on le fasse. J'ai d'ailleurs peur que, si ça devait m'arriver, on ne le fasse pas au nom des principes. Grands défenseurs de principes alors qu'ils ont en face d'eux des êtres de chair et de sang. Respectueux de principes éternels, de données intemporelles, en face de gens temporels à l'existence limitée. Adorateurs d'idoles. Plus païens que les païens qu'ils exècrent. Qu'est-ce que ce respect de la Vie lorsqu'elle n'est pas incarnée. Ce respect du corps qui lorsqu'il souffre trop vit si mal. Ces donneurs de leçons, incapables d'en recevoir? Ces gestionnaires des hôpitaux de la souffrance et du malheur? Ces calculateurs de la misère? Administrateurs de la Santé, applicateurs de la loi, demandez-nous de vous obéir, n'exigez pas qu'en plus on vous respecte... Vous faites des comptes sur la vie. Vous êtes les grands comptables de la santé, les établisseurs du bilan. Vous avez choisi d'être des chefs, vous n'êtes pas des guides. En montagne, il y a des guides qui aident à monter sur les hauteurs. A la guerre, parfois, il y a des capitaines qui aident à mieux se battre, à mieux se cacher, à mieux se défendre. Au rugby, il y a des capitaines. Au football. Mais en politique... Vous voulez être des guides, des timoniers. Vous n'êtes que des petits chefs. A la merci des autres. Que vous dites mépriser. Mais que vous respectez. Miroirs de votre insuffisance, vous remplacez l'approbation comprise, l'acceptation amicale, le discours amoureux, par les acclamations sans joie, les cris qui ne réchauffent qu'un cœur sec... »

Ancien diplomate, et de ceux qui ont essayé de faire honneur à leur profession, refusant le népotisme, il est tombé amoureux vers la soixantaine d'une jeune femme de trente-cinq ans avec laquelle il commence à vivre avant de l'épouser presque secrètement. Mésalliance, union contre nature, quand les termes ne sont pas encore plus méprisants. Devenu très malade et porteur d'une tumeur inopérable en juin 1978, il a continué à vivre comme il pouvait, courageusement, mais les douleurs ont exigé le recours, vers la fin de l'année, aux antalgiques majeurs, extraits de l'opium, etc. La situation, après s'être stabilisée, s'est ensuite détériorée et il a dû vivre avec des quantités très importantes de morphine. Il a vécu pendant près de dix-huit mois avec 100 à 300 milligrammes de morphine quotidienne. Jamais sa conscience, ses fonctions intellectuelles ne furent amoindries, sa pensée obnubilée, ses souvenirs embués. Il n'a jamais été tranquillisé contre son malheur. Ceux qui lui ont rendu visite, et parmi eux certains hauts personnages de l'Etat, n'ont pas décelé la moindre faille de raisonnement, et étaient loin de se douter qu'il avalait chaque jour une telle quantité de drogue interdite.

Les mois passent, la situation se détériore. Après une année :

« J'ai un grand désir, docteur, et une grande angoisse. Pour que Micheline puisse arriver à vivre après ma mort, pour qu'elle puisse toucher ma retraite, il faudrait que je vive jusqu'au 20 janvier prochain. Six mois. Ça paraît impossible. Pourtant il faudrait. »

En octobre, fièvre élevée, escarres, il ne peut plus quitter le lit. Il a peur. Micheline déclare s'en moquer et elle a la sincérité de l'amour. Mais la famille, l'ex-femme ne lui laisseront rien. Elle se ment à elle-même : « Ils sont plus gentils qu'on ne croit ! »

Et lui :

« Il faut que je tienne. »

Il a tenu. Le matin du 20 janvier, elle aura sa retraite. Et on a bu du champagne. Il avait été au bout du chemin. Il pouvait désormais mourir en paix.

Un peu plus tard, le médecin entend :

« Il faut arrêter.

– Vous croyez ? »

Sa fille, Micheline, les plus proches, celles qui l'aiment vraiment :

« Ça ne sert plus à rien, docteur. Chaque pansement de ses escarres lui arrache des cris malgré les calmants. Vous savez bien qu'il ne sortira plus jamais de son lit. Le curé est venu le voir il y a deux jours comme il l'avait demandé. Franchement, sincèrement, arrêtons. »

Et au malade, souriant à peine mais qui dit gentiment :

« Au revoir, docteur, à bientôt »,

on répond :

« Au revoir, monsieur, à bientôt. »

Et on sait qu'il n'y aura plus de bientôt.

Il va s'endormir sans savoir qu'il va mourir. Ce n'est pas bien, c'est même mal, mais le contraire aurait été encore plus mal. C'est la maladie qui est horrible. C'est la mort qui est moche.

PROCÈS IMAGINAIRE

« Combien de fois l'avez-vous fait? Plusieurs fois?
– Oui.
– Vous le regrettez?
– Non.
– Vous y pensez parfois?
– Toujours.
– Si c'était à refaire?
– Je le referais.
– Au nom de quoi?
– De sa liberté.
– Facile à dire! Qui vous donne ce droit?
– Personne.
– Alors, pourquoi?
– Comme ça.
– Ça n'est pas une réponse.
– Vous ne comprendriez pas.
– Qu'est-ce qui vous fait dire ça?
– Il y a des choses qu'on ne peut pas expliquer. Si vous ne comprenez pas, aucune explication ne sera à même de vous faire entendre. Il fallait que je le fasse, c'est tout. Condamné devant la justice des hommes!... Condamné au nom des grands principes qui vous aident à survivre dans cette société piégée. Vous ne vous rendez pas compte que vous êtes tous piégés par vos uniformes, par vos métiers, par ces huissiers qui vous gardent si bien qu'on les a bardés de chaînes pour

mieux vous le faire sentir, par vos décorations qui vous permettent de porter votre passé comme garant de votre avenir et pourtant votre avenir demeure vierge.

— Trêve de grandes déclarations : Vous l'avez tué?

— Si vous voulez.

— Vous l'admettez?

— Oui.

— Vous rendez-vous compte que vous péchez par orgueil. Ces actions, vous les revendiquez avec fierté.

— Non. Ce n'est pas un sentiment de fierté. Simplement, si je ne l'avais pas fait, ç'aurait été un sentiment de honte. »

MONSIEUR TALLIEN

UNE lettre : « Monsieur, vous ne me connaissez pas. Je m'adresse à vous parce que je crois que vous ne demeurerez pas insensible à ma peine. Victime d'une maladie évoluant progressivement vers la paralysie totale (mes deux membres inférieurs sont déjà complètement hors d'usage), je ne peux supporter de voir la mort prendre possession de mon corps et faire monter journellement ses avant-postes vers les bras, le thorax, etc. Je vous demande de m'aider à interrompre ce chemin de supplice. »

Il est atteint d'une affection neurologique. Le médecin n'est pas neurologue. Il ne répond pas.

Quelques jours plus tard, téléphone : « Ici Madame Tallien. Mon mari vous a écrit récemment. J'aimerais vous voir. Puis-je venir ? »

Elle vient. Trente-cinq ans, grande, un peu maigre, le visage aux traits fins, les cheveux tirés en arrière retenus en chignon, tout son corps tendu par son face-à-face quotidien avec le malheur.

« Je suis anesthésiste-réanimatrice. Je sais donc, ou plutôt je devrais savoir, je devine, ce qu'il faut faire pour l'empêcher définitivement de souffrir. Mais je n'y arrive pas. Je ne peux pas. Pas moi. Vous comprenez? Il pense que vous pouvez.

– Que voulez-vous que je fasse? Votre mari a une affection neurologique, c'est-à-dire une maladie qui n'est pas, comme il est d'usage de dire, de mon ressort... Cela dépasse le domaine de la spécialité médicale... Cela dépasse même le territoire de la médecine. C'est au-delà... »

Au-delà de la médecine, au-delà de la vie et de la mort, au-delà du bien et du mal...

« Venez au moins le voir. Si vous pouvez.

– Je ne peux que le dimanche.

– Dimanche prochain, ce serait bien. Voci le plan pour trouver la maison. Vous prenez l'autoroute, 40 à 50 kilomètres. Vous quittez sur la gauche, et après une dizaine de kilomètres sur la départementale vous trouverez le village. Vers quelle heure pensez-vous arriver?

– Onze heures.

– Je vous attendrai devant la porte. »

Dimanche matin. Il fait beau. Après deux erreurs de parcours (le médecin possède un médiocre sens de l'orientation), le village est trouvé, l'avenue principale, la maison. Après une dizaine de pas, au bord d'un jardin, une petite maison claire, une entrée et, au fond, la chambre où est allongé M. Tallien. Il fait effort pour soulever la tête et tendre sa main maladroite. Quinze années de plus que sa femme. Ingénieur en électronique. Le récit de la maladie :

« Cela a commencé il y a plus d'un an. J'ai consulté les meilleurs neurologues, la Salpêtrière et ailleurs : il n'y a, comme vous le savez, aucun traitement. Rien de ce qu'on a essayé n'a enrayé l'évolution de l'affection qui se fait par saccades. Mes deux jambes sont aujourd'hui paralysées, la partie inférieure du tronc, une partie de mon bras gauche, bientôt mon bras droit... Puis ce sera les muscles respiratoires, et l'asphyxie... Alors, voilà. Je voudrais arrêter avant. D'autant plus que je souffre et que mes médecins hésitent à me donner des calmants appropriés par crainte d'entraîner des difficultés respiratoires graves... En outre, j'ennuie ma femme, qui a arrêté de travailler pour me soigner, qui s'occupe seule des trois enfants.

– Quel âge?

– Quatre, six et neuf ans, deux garçons, une fille. En plus j'ai une incontinence. Je suis extrêmement dépendant.

– Qu'est-ce que vous souhaitez?

– Arrêter le plus vite possible. Ne vous inquiétez pas. J'ai tout réglé pour après. Tous les comptes sont faits. Arrêtez-moi, monsieur.

– Pourtant, aujourd'hui vous n'avez pas très mal.

– Pas très.

– Vous étiez en train de lire un journal? Ça vous intéresse encore la vie du monde, la vie des gens?

– Bien sûr.

– Vos enfants, ça ne vous fatigue pas?

– Non, vous pensez, ils viennent me voir, chahuter un peu; la petite me demande de lui raconter des histoires.

– Vous avez donc plaisir à les voir. Et votre femme? »

Il ferme les paupières.

« C'est pour elle.

– Pourquoi? »

Le médecin s'adresse à la femme :

« Madame, c'est tellement dur?

– Pour lui, oui. Pas pour moi... »

... Et avec un sourire que seules les femmes peuvent avoir lorsque, vis-à-vis de l'homme qu'elles aiment, elles se veulent à la fois mère-femme-enfant, elle étend doucement son bras comme une aile protectrice vers le front perlé de sueur...

« Pas pour moi. Je peux tenir encore longtemps.

L'hôpital où je travaille est au courant. Le chef de service est très compréhensif. »

Alors, après un silence, le médecin :

« Vous n'allez pas très bien, c'est vrai. Vous n'allez pas très mal non plus (phrase imbécile...), je veux dire que vous profitez encore de la vie, de votre femme, de vos enfants, du soleil, des gens.

— Mais je ne veux pas voir se paralyser mes muscles respiratoires. J'ai déjà demandé aux médecins qui me soignent, et qui sont très dévoués, ce qu'ils feraient en pareil cas. Ils appelleraient le Secours médical d'Urgence, le S.A.M.U., et on me transporterait dans un Service de Réanimation respiratoire, où on me ferait vivre artificiellement sous un appareil jusqu'à ce que je meure sous la machine — puisque de toute manière on ne pourra pas me sauver. Je ne veux pas...

— Si on décidait de l'accord suivant : on ne vous laissera jamais transporter sous la machine artificielle. En attendant, tant que vos muscles respiratoires fonctionnent, que la paralysie ne s'y est pas étendue, que vous respirez facilement, vous continuez à vivre comme vous vivez aujourd'hui... Au moment de la paralysie respiratoire, dès qu'elle commence à s'installer, vous appelez...

— D'accord. Comme ça, d'accord. »

Une poignée de main chaude et affectueuse entre le malade et le médecin clôt l'entretien. Sa femme raccompagne le médecin vers la porte, lui demande gentiment s'il saura retrouver son chemin...

Elle le rappellera le lendemain pour lui dire que son mari, pour la première fois depuis de longs mois, à passé une bonne nuit, sans somnifère. « Depuis, lui a-t-il dit, qu'il sait qu'on ne l'abandonnera pas. »

Quelques semaines passent.

Un samedi soir, vers minuit et demi : un message

« Mme Tallien a appelé. Elle demande que tu la rappelles d'urgence... »

« Merci de me rappeler. Mon mari et moi avons fait une erreur depuis deux jours. On est en automne. Il pleut. Il a un peu de fièvre. Il tousse un peu. On a cru que c'était la grippe. Il est aux antibiotiques. Mais ça ne s'arrange pas. Aujourd'hui, en fin d'après-midi, on a réalisé. On en a même ri. On s'était trompé de diagnostic. La respiration devenait de plus en plus difficile. C'est la paralysie des muscles respiratoires qui s'installe. On a tout de suite fait venir de l'oxygène pour l'aider. Il est très inquiet. Est-ce que vous pouvez venir ?

— Oui, demain matin, huit heures et demie.

— C'est tard.

— Sept heures. »

Silence...

« C'est qu'il vous attend.

— Maintenant ?

— Oui. »

... Silence du médecin cette fois (« C'est trop tard, je suis fatigué, c'est loin. Et pourtant, je ne peux pas refuser, je m'occupe bien de types qui sont en prison à des milliers de kilomètres, pourquoi pas de ce pauvre type qui est en train de souffrir à quelques kilomètres... »)

« Bon, je vais venir... Mais comment vais-je faire pour retrouver la maison ?

— Ce n'est pas difficile. La route, vous vous rappelez. A gauche, la départementale. Le village.

— Oui, mais la maison ?

— Elle sera tout allumée, vous ne pourrez pas vous tromper. »

Pourquoi faut-il que certains soirs tout ait valeur de signe ? L'autoroute éclairée par la lune où tous les gens ont l'air de bien conduire, avec les bas-côtés qui clignotent. Pourquoi faut-il que ce soir-là un poste de radio ait mis le *Requiem* de Verdi... Et que la seule maison allumée dans le village soit celle du malade : dans toutes les demeures où les gens allaient continuer à vivre les lumières étaient éteintes. Seule était éclairée celle de l'homme qui allait mourir.

La voiture est arrêtée au portail. Sur la petite pelouse, éclairée par la véranda, un tricycle d'enfant renversé, symbole dérisoire de la vie qui continuerait. Devant la porte de la maison, la femme du malade, les joues creusées, les yeux brillants, et, sitôt la porte ouverte, une sorte de fond sonore mêlant deux sons distincts : la mélopée de l'appareil qui débite à toute allure l'oxygène de secours, et la musique de Mozart.

« Venez le voir.

– Bonsoir, monsieur... »

Et devant cet homme, lucide, presque satisfait, aux yeux reconnaissants, mais dont la poitrine est soulevée par un effort à la limite de ses possibilités, dans cette atmosphère pleine de bruit et de musique, le médecin choisit soudain de se retirer dans la partie la plus vivante de la maison, dans le lieu habituel des complaintes solitaires : la cuisine. Pour reprendre pied. Après quelques minutes, il ressort et rencontre le regard de l'épouse :

« Il vous attend.

– Vous devriez aller lui parler, pendant que je prépare de quoi lui permettre de s'endormir. »

Elle y va. Ils vont rester ensemble près de vingt minutes, et elle aura eu le temps de changer le disque. Puis elle revient :

« Allez-y maintenant. »

Le malade :

« Il est tard, docteur.

– Pas tellement.

– Si... Vous pouvez y aller. Vous voulez piquer là?

256

– Oui.

– Vous ne pouvez pas attendre encore un peu ?

– Bien sûr.

– Juste un peu... Tiens, chérie, c'est ta musique préférée. Maintenant vous pouvez y aller. »

C'est l'andante du *21ᵉ Concerto* pour piano et orchestre.

Pendant que le liquide anesthésique est lentement injecté :

« C'est bon, votre truc. C'est bien. Toutes mes douleurs s'en vont. Chérie, embrasse-moi. »

Elle s'est penchée sur lui, l'a embrassé. Il s'est endormi. Elle a arrêté l'oxygénateur. La musique de Mozart a continué, seule. Puis elle s'est arrêtée à son tour. « Ce qu'il y a de merveilleux dans la musique de Mozart, disait Sacha Guitry, c'est que le silence qui la suit est encore de Mozart. » Lorsque le silence de Mozart s'est à son tour achevé, le médecin a demandé :

« Vous n'allez pas rester seule maintenant.

– Oh ! ne vous inquiétez pas. Maintenant, tout le village, tous les amis vont venir, je ne serai pas seule. Allez, partez vite. »

LIBRE JUSQU'AU DERNIER INSTANT

Qu'est-ce que demande le malheureux, le grand malade, le grand blessé qui ne retrouvera plus jamais l'usage de son corps, le fonctionnement de sa pensée, celui dont les jours qui restent ne sont pas des jours à vivre mais des jours à s'empêcher de mourir, celui ou celle pour qui le soleil n'éclaire plus mais aveugle, pour qui la vie de tous les jours est l'attente de chaque nuit, lorsqu'il demande « Aidez-moi à arrêter, aidez-moi à mourir »? Même s'il est formulé en ces termes, ce n'est pas un appel à la mort, ce n'est pas l'apologie de la mort, c'est une lutte contre elle et pour la vie, la vie passée, la vie belle, la vie pleine, celle d'un être humain, pas celle d'un animal abattu, d'un végétal flétri. Ce n'est pas mourir, c'est refuser de vivre ainsi. Regardez, écoutez, la mort a déjà pris possession de mon corps. Je peux à peine remuer, à peine me nourrir. Les conversations familières, les nouvelles des journaux, la télévision ne m'intéressent plus. Je ne puis plus y trouver le moindre intérêt ou le moindre secours. Je donne à tous ceux qui viennent me voir, me rendre visite, l'image perdue de ce qui a été. Ils viennent déjà en souvenir du passé, parce qu'ils savent que ce ne serait pas bien de ne pas venir, mais ils se forcent. Ils voient le chemin de la descente vers l'ombre et mon corps qui s'assombrit de plus en plus. L'ensevelissement a commencé, la mort a déjà pris possession de mon corps. Alors, si vous avez encore un peu de respect pour moi, un peu d'amour ou d'amitié, ou simplement un peu de considération, aidez-moi à lutter contre elle, à la vaincre, permettez-moi d'arriver avant elle. Ne la laissez pas triompher. Permettez-moi de la devancer. Afin que, lorsqu'elle voudra venir, elle puisse bêtement contrôler avec cette tête sans front qu'elle a de toute éternité et qu'elle puisse dire : « Trop tard, il est parti tout seul. » Que j'arrête de respirer de mon plein gré, de ma propre décision je veux mourir en respirant, pas en noyé. Permettez-moi de connaître l'heure de mon dernier soupir. Cette note noire sur la portée de ma vie, je veux l'écrire moi-même. Je sais bien que toute existence est inachevée et qu'il y manque toujours le dernier mouvement, dont rêvent tous ceux qui vous ont aimé. Qu'au moins les dernières notes ne soient pas griffonnées par la mort. Je voudrais m'endormir sur le lit de ce siècle dans lequel j'ai vécu, je ne veux pas attendre de tomber malencontreusement. Appelez cela de l'euthanasie si vous voulez, vous vous trompez. Car je ne me sens déjà plus vivant. Ce n'est pas en empêchant cette poursuite de l'inutile, mais en continuant à croire que vous me faites vivre que vous me faites mourir. C'est cela l'euthanasie passive : forcer quelqu'un à continuer de vivre malgré lui.

Il n'y a pas d'euthanasie passive, c'est une forme de respect. L'euthanasie n'existe pas, seul existe le respect de la vie; on ne devrait pas écrire mort douce mais arrêt tranquille de la vie.

Ce grand glissement silencieux dans l'ombre qu'on a pour habitude d'appeler la mort devrait être empreint de simplicité. Un être humain a droit à sa mort comme il a droit à sa naissance. C'est dire qu'il a avant tout droit à sa vie.

Diaphane Mme Laubry qui s'est endormie telle qu'elle avait vécu, sans les rides de douleurs inscrites par la mort; adorable jeune fille de Mulhouse qui a elle-même versé dans son verre un peu plus de la potion magique qui faisait disparaître ses douleurs et qui a demandé à ses parents de la laisser dormir; simples parents amoureux de leur fille qui préfèrent aujourd'hui la pleurer disparue et calmée que la voir agitée et vivante; courageux représentant de commerce qui à force de voyages et de visites des villes et des provinces ne pouvait plus supporter d'avoir pour toute frontière les quatre murs de sa chambre; terrible paralysé qui a décidé finalement de tirer un trait sur une avant-mort dans une vallée qui n'était même plus de larmes car lorsqu'on peut encore pleurer c'est qu'il vous reste de la vie – écoutez bien ce que disent les belles âmes : Il fallait continuer, il fallait montrer du courage. Vous n'êtes pas les premiers ni les derniers à qui cela arrive. Il faut persévérer. Vous n'avez pas demandé à venir au monde? Tant pis! Vous y êtes, restez-y. Le plus longtemps possible. Même pour votre malheur. Pour une fois, faites votre devoir. Oh! les grands et terribles hommes de devoir qui agissent pour quelque chose ou quelqu'un qui soi-disant les dépasse. Délivrez-nous des hommes de devoir! Il n'y a pas d'euthanasie dans ces conditions. C'est toujours une délivrance, une fin avancée, désirée.

Pourtant on n'a pas le droit. Jamais. On le fait contraint. Par la nécessité, la nécessité impérieuse de l'autre dont le regard vous guette tant qu'il continue à vivre, et vous poursuivra sans cesse si vous ne l'avez pas aidé. C'est interdit. Avec raison. Il faut savoir qu'un tel geste est toujours en dehors des règles. Il ne doit donner lieu à aucune législation. Pas de texte autorisant à arrêter la vie. Législation pour législation, un médecin digne de ce nom préférerait encore être poursuivi pour un tel geste qu'y être autorisé. Cette démarche, cette action, cette façon de répondre à un appel désespéré appartiennent à des lois plus importantes que tous les textes écrits par tous les législateurs : elles font partie des lois non écrites, celles qu'on traîne avec soi dans le cœur depuis des siècles sans savoir pourquoi, et qui resurgissent en présence de la demande instante d'un individu qui vous ressemble et avec lequel vous êtes embarqué du fond des âges sur le même navire qui n'accostera jamais; embarcation fragile qui préfère couler que sombrer. Fais quelque chose pour lui si tu peux. Tu le regretteras. Mais tu regretteras plus encore de ne pas l'avoir fait. Ressort de bien des choix, et bien des décisions : d'abord empêcher que les choses soient encore plus laides qu'elles ne sont, ensuite faire qu'elles soient plus belles. Car si aucune des personnes citées ici n'est partie sans regret, elles sont toutes parties sans haine.

Salut à vous, lois non écrites, lois inébranlables de la conscience, opposées à la raison d'Etat et à la loi politique. Créon sait qu'il peut gagner toutes les batailles qui sont celles de son pouvoir, mais qu'il finira par perdre la guerre qui est celle du temps des hommes. Le souvenir de la petite fille révoltée contre la mort de son frère, ou d'un jeune colonel révolté contre la capitulation de sa patrie, hantera toujours les nuits des conquérants et des gouvernements installés : ils savent bien que ces lois non écrites sont les seules valables, parce qu'ils savent que ce sont elles qui les condamnent. Et la petite Antigone occupe depuis des siècles une place dans le cœur de chacun d'entre nous.

MADAME FRANCÈS

MADAME FRANCÈS est venue en consultation en octobre 1982, accompagnée de sa fille aînée. Elle est assez maigre, n'a pas encore atteint la cinquantaine, les cheveux gris, les yeux noirs, le visage osseux. Vêtue de noir avec un col blanc.

Elle a été opérée d'une tumeur de l'ovaire, et elle recommence à avoir quelques douleurs. Elle voudrait savoir où elle en est, ce qu'on peut encore faire. Une fois l'ensemble des examens effectués, elle devra revenir en consultation pour qu'on puisse faire le point. Elle revient deux semaines plus tard. Seule cette fois.

« Vous avez donc été opérée d'un cancer de l'ovaire il y a quatre mois.

– C'était un cancer ?

– Oui.

– Et les douleurs que je ressens de temps à autre, la digestion difficile, c'est toujours mon cancer ?

– Peut-être... De toute manière, il va falloir envisager maintenant un traitement médical.

– Une chimiothérapie ?

– C'est ça. Puisque c'est ainsi qu'on appelle le traitement médical du cancer. Vous savez, pour traiter les maladies du cœur ou les maladies infectieuses, on utilise aussi des médicaments chimiques. Seulement pour ces maladies-là, on parle de traitement médical et pas de chimiothérapie.

– Je comprends. Je devrai faire ça tous les jours?

– Non, cinq à six jours une fois par mois.

– Ça va me fatiguer?

– Pendant une semaine. Ça va aussi vous faire tomber les cheveux. »

Elle pâlit.

« Mais ils repoussent ensuite.

– Et avec ça je vais guérir?

– En tout cas, vous mettez toutes les chances de votre côté. Il reste encore des cellules cancéreuses dans votre abdomen. Avec ce traitement, on va s'efforcer de les faire disparaître. Sans lui, elles vont continuer à vivre, à proliférer. Le traitement vous offre des possibilités de guérison. Sans lui, vous êtes sûre de ne pas guérir.

– Et si le traitement ne marche pas?

– Ne soyez pas découragée dès le départ.

– Je veux dire : si vous vous apercevez que ça ne marche pas, vous n'insisterez pas, vous n'exagérerez pas, vous n'irez pas trop loin?

– Promis.

– Même, vous m'aiderez à ne pas souffrir?

– Promis.

– Quand est-ce qu'on commence?

– Tout de suite. »

La prescription est établie. Mme Francès se rend à l'hôpital de jour où elle devra revenir cinq fois de suite pour y recevoir son traitement.

Elle revient régulièrement en consultation. Toutes les quatre à cinq semaines. Elle est un peu fatiguée. Mais elle supporte. Elle ne se plaint pas. Elle vit. Elle est contente. Une année passe, presque entière.

En octobre 1983, elle se plaint de quelques douleurs d'apparition récente. Son abdomen a augmenté de volume, contrastant avec la maigreur des jambes. Sur le lit d'examen :

« Ça recommence, hein, docteur?

– J'en ai peur.

– Qu'est-ce qu'on va faire?

– On va d'abord vider l'eau, là, qui vous gêne.

– Et après?

– Après, on verra. Mais on ne refera plus de traitement aussi fatigant.

– Surtout que ça n'a pas empêché cette saleté de recommencer. Et que mes cheveux sont en train de repousser. »

On ponctionne l'abdomen et on évacue le liquide qui l'encombrait. Elle est soulagée. Elle devra revenir régulièrement toutes les deux semaines, puis presque chaque semaine pour de telles ponctions de l'abdomen.

En décembre, elle demande au médecin de rester seul avec elle dans la chambre où, aiguille piquée dans l'abdomen, le liquide s'écoule dans un bocal placé au pied du lit.

« Vous m'aviez promis que je ne souffrirais pas. Jusqu'ici vous tenez parole. Dès que je commence à avoir trop mal, les ponctions me soulagent. Mais on est obligé de les répéter de plus en plus souvent. Alors viendra un jour où je vous demanderai un peu plus.

– Un peu plus?

– Où je vous demanderai de m'aider à m'arrêter définitivement de souffrir.

– Ce jour-là n'est pas encore arrivé.

– Il n'est pas loin. Quand il viendra...

– Oui.

– Merci. Mais, vous savez, je ne vous le demanderai pas trop tôt. Parce que ma fille est enceinte et que je veux assister à la naissance de ma petite-fille. On sait par l'échographie que ce sera une petite fille, et elle doit venir au monde dans trois mois. »

Elle revient à l'hôpital régulièrement. Avec de plus en plus de difficultés, parfois soutenue par les ambulanciers. La peau sert d'habit à un corps presque dénudé que les vêtements ont l'air de costumer pour la fête de la vie à laquelle elle participe à peine.

Un après-midi de février 1984 au téléphone.

« Docteur, c'est bientôt la fin de mon calvaire. Vous allez enfin pouvoir m'aider. Ma petite-fille est née.

– Quand voulez-vous que je vienne?

– Je vous demande encore huit jours. Le temps que j'assiste à son baptême.

– Retéléphonez-moi.

– Non. On peut décider tout de suite. Dans dix jours.

– Si vous voulez.

– Où? A l'hôpital? Si c'était possible, je préférerais que ce soit chez moi.

– Où habitez-vous?

– A X. Ce n'est pas loin de votre hôpital. »

Pas très. Mercredi soir vers huit heures, après la consultation.

« D'accord. Voulez-vous que je vous explique le chemin?

– Non. Je trouverai bien. J'ai un plan de la banlieue.

– Vous avez mon téléphone? Je vous le redonne.

– Merci. Bon baptême. »

Mercredi soir, la consultation terminée, le médecin part en voiture. Le temps est assez doux et le ciel clair. La rue où habite la malade est bien inscrite sur le plan. Mais l'autoroute qui y mène passe au-dessus. Il est bientôt dix heures. Mieux vaut essayer de téléphoner. Après trois cabines inutilisables, il est possible d'appeler. Après tout, tant mieux, on repoussera :

« Je suis bien chez Mme Francès?

– Oui. C'est le docteur?

– Oui. J'ai eu du mal à vous joindre. Et maintenant il est bien tard.

– C'est qu'elle vous attend.

– Vous ne croyez pas qu'il est trop tard?

– Oh! non, docteur! Si vous saviez comme elle vous espère.

– Bon. Je vais vous dire où je suis pour que vous m'indiquiez le chemin.

– Ne bougez pas. On est là dans dix minutes. »

Arrivent un homme d'une cinquantaine d'années et une jeune femme de vingt ans.

« Bonjour. On va vous conduire et on entrera par l'arrière de l'immeuble. »

C'est la fille qui parle. On s'apercevra plus tard que l'homme, le mari, a un accent portugais. Immeuble H.L.M.

« C'est au troisième étage.

– On peut monter à pied. »

Mieux vaut prendre son souffle et son temps avant de la revoir une dernière fois. Le mari monte devant, en pantoufles, la fille suit, et le médecin.

La porte est ouverte. La malade est assise dans un fauteuil, en robe de chambre. Dans un coin de la pièce, une autre jeune femme, la fille aînée, son bébé de trois semaines dans les bras, qui geint doucement et que sa mère berce : toute la famille debout autour de la malade dans la salle à manger, la salle de vie.

« Tout va bien, docteur. Je vous attends. Je n'ai plus rien d'autre à attendre. Ni à faire. J'ai accompli tout ce que je disais. Tout est réglé pour demain. Pour après. J'ai vu le curé. J'ai vu le notaire. J'ai fait un don pour la Recherche. Pour que les malades de demain puissent guérir. Qu'au moins ce que j'ai fait puisse servir à quelque chose. »

Puis un bavardage de tous les jours :

« Elle est mignonne, votre petite-fille!

– N'est-ce pas? Les enfants disent qu'elle me ressemble. C'est sans doute pour être gentil. Moi, je ne trouve pas. En tout cas, je souhaite qu'elle soit élevée comme j'ai élevé mes filles. Dans l'honnêteté.

– Tu peux être tranquille », répond la jeune mère qui s'adresse au médecin : « On a eu une mère exemplaire. Travailleuse, honnête, généreuse. Ça n'a pas été facile tous les jours pour elle... »

Et comme la mère sent qu'on va commencer à s'épancher, à tomber dans la facilité, presque dans le laisser-aller larmoyant, elle coupe court :

« Docteur, la chambre à coucher est à côté. Je vais aller m'allonger. »

Sa fille la plus jeune essaie de l'aider :

« Non, mes enfants, ce dernier effort, je peux le faire seule. »

Et pendant qu'elle effectue doucement les quelques pas qui la mènent à sa chambre, l'une des filles demande :

« Est-ce que je peux l'accompagner?

– C'est à votre mère de décider.

– Si vous voulez, mes enfants. »

Le mari, alors, de sa voix rocailleuse et chantante, presque murmurée, de la banlieue de Lisbonne :

« Moi, en tout cas, je préfère rester ici. »

Il va vers elle, la serre dans ses bras. Sans un mot. Elle :

« Ne t'en fais pas. J'ai été heureuse avec toi. »

Il ne répond rien, passe le dos de sa main sur ses deux joues. Mme Francès s'allonge sur le lit du côté droit :

« C'est mon côté. »

Ses deux filles s'assoient de l'autre côté.

Une fois allongée :

« Si vous saviez ce que je peux être contente... »

Elle tend son bras ouvert comme un dernier salut.

« C'est bon, je commence à m'endormir, adieu. »

Lorsque sa respiration et les battements de son cœur se seront arrêtés, le médecin découvrira sur le bord de son lit ses deux filles en larmes, la jeune mère en train d'allaiter son enfant. Pour qu'il ne crie pas. Pour qu'il ne pleure pas! Pour qu'il prenne la vie à plein gosier. La vie, transmise par celle qui avait donné la vie à sa mère.

La vie continuait. La vie n'arrête jamais. Le relais était passé. Dans cette petite chambre, si propre, coquette, de cette petite H.L.M. de banlieue, la vie venait de remporter une nouvelle victoire. L'arrêt tranquille, voulu par une personne consciente d'une marche impossible, et le repos sur le bord de la route préféré à la continuation boiteuse sans espoir d'amélioration. Quand devient clair le jamais du renouveau de la guérison, mieux vaut plus tôt que plus tard : plus tôt, je décide, je suis libre. Surtout, elles les petites, celles qui sont si grandes aujourd'hui, mais que j'ai bercées comme ma fille berce aujourd'hui son petit, plus tard elles se rappelleront que leur mère est partie victime d'une maladie qui ressemblait à un accident de son corps, mais pas à une maladie de l'âme. Et peut-être, lorsque ma petite-fille demandera plus tard à sa mère : « Comment elle était, ta maman? », elle s'entendra répondre : « Courageuse, joyeuse, mais surtout elle était très belle. » Tant il est vrai que la beauté des traits apparaît toujours sur le visage de ceux qui affrontent le destin avec hauteur et sérénité.

Il faut imaginer le soulagement de celle qui échappe enfin au souci permanent du malheur physique. Il faut imaginer la gambade de la dernière minute.

VENISE

Une nuit, sur un canal de Venise, une vieille dame aux cheveux blancs, seule dans une barque aux cornes d'apparat, inchangée depuis des siècles, se laissait guider au gré du gondolier qui chantait doucement. L'inclinaison de la tête et le regard lointain lui permettaient sans doute de retrouver les jours passés, les heures de bonheur cueillies ici, en compagnie peut-être de quelqu'un qu'elle avait aimé. Elle était déjà presque en dehors de sa vie, vieille de toute sa jeunesse passée. Pouvait-elle être jeune à nouveau, serait-ce une heure? La vieillesse véritable, c'est de penser que la vie est passée. Vivre, c'est toujours demain. Mourir, c'est toujours hier. Et si demain n'a plus la couleur du pain qui lève mais toujours celle du jour qui se couche, c'est que la mort s'est déjà installée sur les rives de la lagune. Mieux vaut s'arrêter pendant qu'il en est temps encore, avant qu'elle n'aborde, à la proue de ma gondole qui a été autrefois si peuplée et que n'habitent plus aujourd'hui que des ombres.

LE REPOS

ARRÊTER cette vie qui n'en est plus. La couleur lumineuse a disparu : soleil, lampes, torches, étoiles. Lumière rouge aujourd'hui trop assombrie pour que je la discerne encore. Laissez-moi retrouver ma lumière bleue primitive. Celle de l'eau, celle de l'intérieur, celle que j'ai connue pendant quelques mois avant ma naissance dans le ventre de ma mère, et que j'ai hâte d'aller retrouver maintenant dans le ventre de la terre, dans la paix bleutée des profondeurs marines...

LES QUATRE CHAMBRES

La santé, c'est le corps apprivoisé. Dont les mouvements ne sont limités que par les bornes fixées par la nature : ne pas courir plus vite, ne pas tomber de plus haut, ne pas veiller plus tard.

La maladie, c'est le corps limité par lui-même. L'astreinte est une astreinte intérieure. Et il faut tout faire pour guérir, pour quitter les chaînes de la maladie, les frontières de la douleur, les entraves du malheur. Grâce à la transmission du savoir des siècles passés et des années récentes. A l'aide de ceux qui, dépositaires de ces connaissances et de ces techniques, s'efforcent d'éviter que la personne provisoirement empêchée devienne une victime.

Etre en bonne santé, c'est être chez soi, dans sa maison. Etre malade, même à un faible degré, c'est être en dehors de chez soi. Toute maladie est un départ, provisoire ou prolongé : on quitte sa maison qu'on souhaite réintégrer au plus vite. Il arrive qu'on la retrouve intacte. Il arrive qu'on la retrouve endommagée. Il arrive qu'on ne la retrouve qu'en souvenir.

Affrontée à la maladie, la médecine, confrontés aux malades, les médecins, peuvent se trouver en situation favorable ou défavorable selon les possibilités thérapeutiques. Et les malades voir leur avenir dicté par l'efficacité médicale. Ce qu'on peut appeler le séjour médical d'un malade est variable; depuis l'apparition transitoire entre les draps d'un lit d'hôpital, jusqu'au maintien permanent en position allongée. Il peut reposer dans quatre lieux distincts. Aucune de ces habitations ne représente un foyer. Sortes de refuges, mais de refuges du malheur provisoire ou durable, de station journalière, de haltes entre deux travaux ou deux voyages, lieux de secours mais pas réellement lieux de vie. Aucun n'est une vraie maison, si confortables et si accueillants soient-ils. La maison, c'est celle de sa famille, de ses amours, de ses travaux, de sa vie. Celles-ci ne sont que des habitations de secours avant, peut-être, de reprendre la route.

Au premier stade, celui de la guérison possible, le malade repose dans une chambre à la fenêtre ouverte sur le ciel et l'horizon lointain. Tout peut lui être demandé sous prétexte de guérison : fatigue, chirurgie lourde, infirmité même. C'est le prix de la vie, il n'est jamais trop élevé. Son séjour dans ce lieu est provisoire. Il s'agit d'une *chambre de passage* occupée quelques jours ou quelques semaines au cours de sa vie itinérante. Le médecin voit son rôle valorisé intellectuellement : ses connaissances médicales, son habileté chirurgicale, les progrès de la technique font la preuve de leur efficacité; et justifié moralement : en apportant la guérison, il offre le retour à la vie.

Soixante-huit ans, grand fumeur. Cancer du poumon. Seule solution : l'opération, enlever tout le poumon. Il accepte. Dans les suites opératoires, difficultés respiratoires et même cardiaques. Il les surmonte. Il recommence à travailler, à effectuer de nouveau des voyages à l'étranger. Trois années passent, tranquilles. Un soir, il appelle, tard : « Docteur, il faut que je vous voie d'urgence. – Ça va mal? – Oui, vous pouvez venir demain ? – C'est si urgent ? – Oui. – Alors demain matin, sept heures et demie. » Le lendemain matin c'est lui qui vient ouvrir, assez en forme. « Dites-moi, ça a l'air d'aller ? – Non – On va vous examiner. » Auscultation attentive des poumons et du cœur. Très bonne. « Je ne vous trouve pas si mal que cela. Vous avez mal ? – Non – Alors ? – Alors... je fume de nouveau. » On l'a laissé recommencer à fumer avec modération. Il vit toujours.

Vingt-cinq ans, enceinte de quatre mois et demi. Cancer de l'ovaire. On peut la soigner, on peut la sauver en interrompant sa grossesse. C'est son premier enfant. Si on l'opère, on lui enlève en même temps tous ses enfants à venir. Elle supplie les médecins d'essayer de lui garder celui-ci. Mais le risque qu'on prend avec sa vie est trop grand. On finit cependant par céder. Deux mois plus tard, un peu avant le huitième mois, elle accouche par césarienne d'un enfant normal. On entreprend alors une large opération chirurgicale et un traitement médical. Lorsqu'elle vient en consultation, six ans plus tard, l'enfant qui l'accompagne ne sait pas qu'il lui doit deux fois la vie.

Il a vingt ans et un cancer des testicules. On peut le guérir aujourd'hui. Trois ans plus tard, le sourire de sa compagne est plus profond que d'habitude : elle est enceinte. L'enfant va bien, il a un père et une mère.

Mais le malade peut habiter une seconde chambre, celle de la guérison improbable, de la maladie chronique. La fenêtre est toujours ouverte sur le ciel, mais l'horizon s'est rapproché. Il pourra quitter cette chambre, mais il devra y revenir de temps en temps pour des séjours plus ou moins prolongés. C'est une sorte de *résidence secondaire* dans laquelle le médecin devra chaque fois calculer le risque thérapeutique en fonction de l'amélioration possible et du confort apporté. Il pourra tenter des traitements de chimiothérapie, de radiothérapie... Le médecin peut toujours se considérer comme valorisé intellectuellement : grâce aux dernières connaissances et aux progrès effectués, on fera pour ce patient mieux qu'on aurait fait il y a dix ans, il vivra plus longtemps, il vivra moins mal. Mais, moralement, il s'agit d'une demi-défaite : à la longue, le plus loin possible, mais à la longue quand même, le malade finira par mourir de cette affection aujourd'hui encore inguérissable.

Quarante ans. Cancer du sein négligé pendant plus d'un an. Elle est couturière et assure l'existence de sa famille et le travail de quelques ouvrières : elle traite la maladie par le mépris. Mais la douleur finit par l'amener à l'hôpital : la maladie s'est installée dans les os. Avertie, elle décide, pour continuer à vivre, d'accepter tous les traitements : par médicaments, par radiations... Elle vit un an, deux ans. On traite au jour le jour comme un navigateur voyage à vue. Après cinq ans d'une vie où elle continue à travailler pour ses enfants, pour son mari, elle confie un jour : « C'est un bon mari, vous savez, c'est un brave homme. Malheureusement, je ne peux plus être une femme pour lui. Vous comprenez ce que je veux dire. Moi, ça ne me manque pas, c'est pour lui, il est tellement gentil. L'autre jour, il m'a dit : « Ça ne fait rien. On se donne la main quand on se promène, cela me suffit... » Pourvu que cela dure... »

Si on commence à perdre la bataille contre la maladie, le malade entre dans une troisième chambre :

la fenêtre qui le sépare du ciel et de la vie ne s'ouvre plus. Cette chambre est celle de la *dernière demeure*. La guerre contre la maladie est perdue, mais la bataille pour le malade peut encore être gagnée. Le médecin est dévalorisé intellectuellement : tout ce qu'il a appris au cours de ses années d'études, son expérience au chevet des malades, dans les salles d'hôpitaux, tout cela ne lui sert plus à rien. Il en est réduit à voir évoluer cette fatalité douloureuse, impuissant comme il y a trois mille ans. Mais il peut encore lutter pour le malade. La défaite morale qui double la défaite intellectuelle du médecin sera moins grave s'il décide de retrouver les gestes et les paroles millénaires qui soulagent même s'ils ne contrôlent pas la marche de la maladie, qui consolent même s'ils ne guérissent pas.

Au premier rang, la lutte contre la douleur. La douleur était punition. Punition du Ciel. Des hommes qui avaient érigé une peine au-dessus de la peine capitale : le supplice corporel. Il fallait pouvoir supporter la douleur, il fallait savoir l'affronter. On en sortait grandi. Il faut malheureusement dire qu'elle a longtemps été considérée comme une valeur de notre civilisation : depuis la femme qui devient mère jusqu'à l'ouvrier qui peine pour gagner son pain. Depuis l'artiste qui travaille dans le froid jusqu'au guerrier qui perd sa jambe en combattant. La souffrance était considérée comme rédemptrice. « Rien ne nous rend si grand qu'une grande douleur », disait un poète mieux inspiré en d'autres circonstances, à qui il aurait sans doute suffi d'une rage de dents pour s'apercevoir du degré d'élévation qu'elle offrait.

En juin 1980, dans les Landes, une jeune fille de dix-huit ans est torturée doublement : par des douleurs intolérables dans la tête, par une ulcération cancéreuse qui lui ronge le visage depuis deux ans et que n'est pas arrivée à enrayer, parfois seulement à ralentir, la thérapeutique. Elle ne peut plus regarder cette moitié de regard, cette bouche tordue et cette joue disparue remplacée par un trou, un creusement pestilentiel. Elle ne peut se voir, elle ne peut plus se sentir, elle ne peut plus continuer à être ce qu'elle est devenue. Elle demande à dormir, elle demande qu'on arrête. Les potions prescrites ne suffisent pas. Elle en prend depuis trop longtemps. La mère téléphone désespérée, presque folle :

« Si ça continue, docteur, je vais la tuer. J'ai un revolver.

– Ne faites pas ça, appelez votre médecin.

– Je l'ai appelé. Il vient chaque fois qu'on l'appelle. Il se dérange, mais il dit qu'il ne peut pas. Que c'est au-dessus de ses forces, en dehors de son métier. »

Les coups de téléphone se succèdent. A la fin, très à la fin, elle est mise à dormir... Pourquoi? Ce calvaire rachetait-il quoi que ce soit? Cette souffrance était-elle utile? Quelques jours plus tard, sa mère fait spécialement le voyage à Paris, pour venir dire :

« Faites que cela n'arrive plus. J'ai parcouru tous ces kilomètres pour vous demander que cela n'arrive pas à d'autres. Je vous en supplie, faites quelque chose. Pourquoi avoir tant attendu? »

15 décembre. Deux infirmiers amènent une femme jeune sur un brancard. Elle n'est pas allongée, elle est courbée, presque cassée en deux tant elle souffre. Cancer récidivé. Petit bassin bloqué. Tout mouvement réveille une douleur. Cela fait plus d'un mois qu'elle vit de cette manière, sans dormir. Un anesthésiste est appelé d'urgence pour insensibiliser toute la partie basse de l'abdomen grâce à une « péridurale », comme pour une future accouchée. Emu par cette femme qui souffre, il la fait transporter en salle d'opération, effectue l'intervention, place le cathéter. Elle pourra enfin s'allonger pour dormir, retrouvera

l'usage du sourire, passera les fêtes de Noël avec ses enfants et pourra assister au réveillon qui suit la messe de minuit.

De cette troisième chambre, le malade passe insensiblement dans la quatrième et dernière, la chambre sans fenêtre, le *cachot*. La nature, le ciel ne sont plus là : leur odeur, leur saveur, leurs couleurs sont ailleurs. A ce moment, il arrive que le malade demande du secours, appelle à l'aide. « Docteur, ce n'est plus moi qui ne veux plus de la vie, c'est la vie qui ne veut plus de moi. »

Que faut-il faire lorsqu'on est en présence de tels malades, lorsqu'on est confronté à une telle demande? Alors qu'il repose entre quatre murs sans ouverture sur la vie, sur le ciel, sur le rêve? Partir et refermer la porte, en résistant, preuve de force? Rester et accepter d'aider, en cédant, preuve de faiblesse?

Que faut-il faire quand le malade, lui-même médecin, âgé de soixante-dix ans, vous appelle désespérément, et que vous retrouvez à son côté son ami d'enfance, son camarade d'études qui vous dit : « Ce devrait être à moi de l'aider, il me l'a demandé, mais je ne sais pas »?

Que faut-il faire lorsqu'un médecin de banlieue, efficace, généreux, épuisé de travail, vous téléphone longuement pour vous expliquer qu'après avoir lutté pour aider à vivre cette femme paralysée depuis cinq ans et qui n'en peut plus, ils ont décidé tous les deux de baisser les bras et de relever la tête, et qu'il aimerait bien vous rencontrer au chevet de cette malade un samedi après-midi en l'absence de son mari et de ses enfants qui ne doivent pas savoir?

Que faut-il dire à une malade de cinquante ans, atteinte de sclérose en plaques, paralysée des quatre membres, porteuse d'une sonde urinaire en permanence, qui vous écrit en janvier, à laquelle vous répondez régulièrement en février, en mars, en mai, que vous finissez par aller voir chez elle et qui, paralysée depuis dix ans, repose dans la même chambre depuis deux ans, avec le même papier peint de fausses fleurs bleues au mur, allongée à côté d'un homme qui partage depuis cinq ans la même maladie, la même chambre et le même lit, et qui ne peut davantage, lui non plus, entendre sa compagne réclamer ce qu'elle appelle son dû?

Comment faut-il répondre au regard suppliant de la fiancée d'un malade de vingt-cinq ans, qui n'en peut plus de le voir ramper sous les draps à la recherche d'une position confortable, qui sait que de toute façon il n'y a plus rien à faire : finies les promenades silencieuses, les rencontres absolues qui les suivent, les rêveries ensemble, finie la vie à deux. Faut-il la laisser encore assister jour et nuit à la mort de son amour, ou faut-il recevoir 24 heures plus tard dans une enveloppe ramassée à l'hôpital un papier froissé avec un seul mot : Merci?

Et lorsque des infirmières unanimes et le médecin, en présence d'un malade qui n'arrête pas de geindre, porteur d'une tumeur qui lui déforme l'abdomen et l'oppresse, décident de répondre d'eux-mêmes en envisageant de le calmer à l'aide d'une perfusion veineuse, même au prix d'un sommeil qui risque de devenir de plus en plus profond, que répondre au grand médecin qui a essayé de le traiter sans succès, et qui raie la prescription médicale : « Non! il n'est pas demandeur »? Les petites infirmières avaient répondu du fond de leur cœur et de leur corps : elles savaient. Le grand médecin a répondu avec sa tête de médecin bureaucrate : le malade n'a rien demandé. Il est des personnes qui entendent le langage muet, tel celui des rivières souterraines, des gens dans la plus grande peine. Et il en est qui ne peuvent entendre que le langage administratif du bureau d'aide sociale.

LA MINUTE DE VÉRITÉ

CONFRONTÉ à lui-même et à son destin, le malade vient d'entrer dans ce qui risque d'être son dernier quart d'heure. Comme le taureau dans le soleil de la fin d'une journée d'été, il va livrer son dernier combat. Et il va connaître lui aussi la minute de vérité. La dernière minute de sa vie. Qui risque d'éclairer sa vie entière. Par sa bravoure ou sa lâcheté. Sa fierté ou sa couardise. Qu'on se fasse l'apologiste ou le détracteur de la corrida, discussion impossible, rixe verbale inutile, la justification de cette lutte inégale dépassant l'affrontement moral, il faut bien reconnaître que ce spectacle ne prend un tel éclat que parce qu'il offre une résonance à la condition humaine. En un quart d'heure, tout va se jouer, mais tout est joué. Il va mourir. Debout ou couché. La tête haute ou le front bas. Et qu'il se soit défendu vaillamment contre l'étoffe rouge du destin ne l'empêchera pas d'être traîné, quelques instants plus tard, par des mules souvent empanachées, dans la sciure et la terre. Seulement, de temps à autre, une fois disparu, il arrive que les assistants du destin, les témoins de l'existence passée, si brève soit-elle, les amis, les amants, souvent des inconnus, se souviennent et racontent à d'autres qu'un après-midi, bref comme celui d'un taureau ou long comme celui d'une vie humaine, une lumière éclatante était soudain apparue : celle d'un être vivant qui avait essayé, quelques courts instants, de dépasser sa condition : c'est ce souvenir lumineux qu'on a coutume d'appeler l'immortalité.

LES ENFANTS

Les enfants? Peut-on leur dire la vérité? Sont-ils à même d'entendre? Plus que ne le croient les parents et l'entourage.

L'enfant, être humain complet, doit être considéré comme tel. Mais il demeure à la disposition de ses parents et de la société qui établissent à son égard des règles de convenance. Comment dire la vérité à un enfant dans une société où les adultes eux-mêmes souhaitent le plus souvent ne pas la savoir? On ne peut évidemment pas sauter l'obstacle parental. Il faudrait obtenir leur accord. D'autant plus que, pour un enfant, la possibilité de mourir n'a pas la même représentation que chez un adulte. « Je ne deviendrai pas un adulte. De toute manière, je ne sais pas ce que c'est, ce grand saut vers le monde des grands, je resterai petit. » Le rideau protecteur des parents s'étend sur sa vie, sur ses jours à venir. On ne peut l'approcher que par leur intermédiaire. Pourtant...

Dans un hôpital américain, spécialisé dans le traitement des leucémies et autres cancers des enfants, un médecin français fait un stage de quelques jours. Dans tous les hôpitaux du monde, la définition de l'enfance est simple : garçons et filles âgés de moins de quinze ans. Le médecin s'instruit des méthodes thérapeutiques utilisées, s'enquiert des résultats obtenus qui sont parmi les meilleurs enregistrés pour les leucémies, en raison du traitement total dont a eu l'idée le chef de service : traitement médical intensif joint à une irradiation locale du système nerveux au niveau duquel se réfugient pour y proliférer tranquillement, à l'abri de l'action des substances anticancéreuses, les cellules malignes. Il visite les salles d'hospitalisation, les cabinets de consultation, s'adresse à de nombreux enfants, avec lesquels la conversation est aisée : ils parlent de leur maladie avec simplicité. Le soir, le médecin demande au chef de service :

« Ces enfants ont l'air de savoir qu'ils ont une leucémie.

— Oui, ils le savent. Nous avons décidé de le leur dire. Des médecins, des infirmières, des psychologues, des assistantes sociales, des psychanalystes, des sociologues répondent à toutes leurs questions. Celles-ci sont plus fréquentes au début de leur maladie, mais nous demeurons continuellement à leur disposition pour les renseigner, leur répondre.

— Et vous leur dites tout ?

— Tout ce que nous savons, oui. Qu'ils ont une maladie très grave. Qu'ils peuvent en mourir. Qu'ils vont subir un traitement fatigant, difficile à supporter, dont les complications sont fréquentes, et qui peut lui-même mettre leur vie en danger. Que nous allons faire tous nos efforts pour qu'ils puissent guérir, mais que l'effort le plus important, c'est évidemment eux qui devront le faire. Et qu'au bout du compte, avec des soins et une surveillance continuels, un effort constant de leur part, et avec un peu de chance, ils guériront peut-être.

— Vous leur dites tout cela. Mais, s'étonne le médecin européen, ce sont des enfants ?

— Oui, ce sont des enfants. Nous y avons pensé.

Mais ces enfants, qu'ils guérissent ou qu'ils ne guérissent pas, après les traitements auxquels ils vont être soumis, après les examens à répétition, après la séparation d'avec une partie de leur famille, après les séjours à l'hôpital, la perte momentanée de tous leurs cheveux, la fatigue, la fièvre parfois, après tous ces longs mois passés à lutter contre une maladie mortelle dans tous les cas il n'y a pas si longtemps, qu'ils survivent ou non, qu'ils s'en sortent ou qu'ils ne s'en sortent pas, ils ne seront plus jamais comme avant... »

Paroles simples, paroles profondes. Ils seront autres mais ils seront. Ils restent les mêmes et ils sont changés. Considérés comme des êtres humains à part entière, de cette part qu'ils ont acquise de droit en arrivant sur terre et qui devrait exiger qu'on les respecte à égalité de tous les autres.

Un petit garçon de dix ans, au cœur malade, a déjà été opéré à deux reprises « à cœur ouvert ». Il faudrait le réopérer, mais une nouvelle intervention analogue aux précédentes est devenue impossible. La seule possibilité de le sauver réside dans la greffe d'un autre cœur, d'un cœur sain, le sien étant trop atteint. Les parents, mère belge et père français, l'emmènent en Californie dans le service du chirurgien le plus réputé. Ils le laissent évidemment libre de tous ses actes et de toutes ses décisions, sauf une : ils ne veulent pas que leur enfant soit averti qu'il va subir une greffe du cœur, il ne le supporterait pas. Le chirurgien se demande comment il va pouvoir expliquer à cet enfant les examens nombreux auxquels il va être soumis, les soins constants dont il va être l'objet, les précautions d'asepsie, les injections multiples. Il rencontre deux jours plus tard un chirurgien canadien auquel il demande, puisqu'il parle couramment le français, d'aller voir l'enfant, pour l'aider dans ses rapports avec lui, pour le conseiller sur son attitude, puisqu'il ne doit pas savoir.

Le petit garçon est tout heureux de découvrir quelqu'un qui parle aussi bien sa langue et avec qui il peut bavarder. Après l'avoir mis en confiance, le chirurgien canadien risque une question :

« Tu sais pourquoi tu es ici?

— Bien sûr, c'est pour une greffe du cœur. Ici, c'est le meilleur hôpital pour ça.

— Mais, tes parents, tu en parles avec eux?

— Chaque fois que j'essaie, ça a l'air de leur faire tellement de peine que j'arrête tout de suite... »

Alexandra vit avec ses parents dans la région parisienne. Elle est américaine, comme eux. Elle a sept ans lorsqu'elle arrive pour la première fois à l'hôpital, fatiguée, fébrile, avec mal à la gorge. Les examens révèlent rapidement qu'elle a une leucémie aiguë et que ses chances de guérir sont faibles. Le traitement est mis en route. Elle le supporte mal, mais elle accepte, tend son bras aux infirmières pour les injections en leur signalant la meilleure veine, et en leur demandant de changer lorsque celle utilisée la veille lui paraît trop fatiguée. Elle courbe gentiment son dos pour permettre les injections entre les vertèbres dans le canal rachidien, et elle se recouche en cachant parfois son visage pour ne pas montrer ses larmes.

Après un mois, la rémission complète est obtenue :

« Je vais bien maintenant.

— Tu vas mieux.

— Ça veut dire que je ne suis pas guérie?

— Non, pas encore. Il va falloir continuer le traitement.

— C'est une maladie grave?

— Oui.

– Mais je vais guérir?

– On va tout faire pour. Mais il faut que tu nous aides. »

Et de sa voix aux inflexions américaines, elle répond, sûre d'elle :

« Ne vous en faites pas pour ça. Je vais vous aider... Dites, comment ça s'appelle, ma maladie?

– Une leucémie.

– Qu'est-ce que c'est?

– Une maladie du sang. Il y a dans ton sang de mauvaises cellules qui essaient de remplacer les bonnes, et il faut les chasser avec des médicaments.

– Quand est-ce qu'on est sûr qu'elles sont parties?

– Aujourd'hui, on n'en voit plus. Mais il en reste peut-être, cachées, qu'on ne peut pas voir. C'est pour cela qu'il faut continuer le traitement. Pour aller les tuer dans leur cachette, dans leur repaire.

– Et ça va durer longtemps? Je serai obligée de rester à l'hôpital?

– Non. Tu pourras rentrer chez toi. Mais il faudra que tu reviennes de temps en temps. »

Elle devient songeuse, mais son regard d'oiseau déplumé – elle a perdu tous ses cheveux sous l'effet de la thérapeutique – est décidé, presque conquérant : elle veut se battre jusqu'au bout, jusqu'à la victoire.

Elle revient régulièrement aux consultations, toujours à l'heure, pour se faire traiter. Sa mère, dont la tenue vestimentaire originale – elle est hippie – excite la curiosité des infirmières et des médecins, jupes bariolées, chemisiers aux dessins bizarres, grande écharpe touchant presque terre, l'amène chaque fois, rieuse et presque à distance, donnant l'impression de ne pas prendre tout à fait conscience de l'état de son enfant. Les rapports qu'elles entretiennent toutes deux ressemblent plus à ceux de deux sœurs. Les médecins continuent à être inquiets. Sa forme de leucémie est de mauvais pronostic. L'un d'eux déclare un jour que la petite lui fait mauvaise impression, qu'elle ne guérira pas... Il faut quand même soigner. On ne sait jamais...

Alexandra vient chaque fois courageusement. Un matin, elle arrive, essoufflée :

« Heureusement que j'ai réveillé Maman. Elle s'est couchée tard, et elle n'arrivait pas à se lever. J'ai eu du mal mais j'y suis arrivée. C'est que je veux me soigner. Alors, voilà! il n'est pas trop tard? »

Quelques mois passent. La mère est mal jugée par de nombreuses infirmières et quelques médecins. Pas par sa fille, qui l'adore. (Le père voyage souvent dans l'est de la France.) « Elle est drôle, ma maman, et on rit bien toutes les deux... »

Alexandra prend de plus en plus d'assurance. Et les médecins ont de plus en plus d'espoir.

Trois années. Elle est toujours en rémission. La chimiothérapie est remplacée par un autre traitement, une immunothérapie, qui n'est appliquée que dans cet hôpital. Après quelques mois de ce nouveau traitement, les parents demandent l'autorisation d'emmener leur fille en Amérique voir le reste de la famille. Elle reviendra dans quatre mois. On leur confie donc les ampoules qu'il va falloir injecter chaque mois.

On apprendra à son retour que c'est Alexandra, dix ans, qui expliquait aux médecins de New York le traitement qu'elle recevait à Paris, et la manière de l'administrer.

Cinq ans plus tard, tous les traitements sont arrêtés.

Elle est toujours en rémission. Elle devrait pouvoir guérir. Elle repart vivre aux Etats-Unis. Elle n'oublie pas d'envoyer des cartes postales.

Elle revient à Paris, guérie. Elle a dix-huit ans. Elle demande un certificat médical pour s'inscrire à l'Université. Elle veut être avocate :
« Parler, j'ai toujours su, depuis que je suis petite. »

Elle a de longs cheveux châtains qui entourent un regard perçant. Le médecin l'interroge sur sa vie :
« Pourquoi ne me tutoyez-vous plus? » lui dit-elle...

La médecine a fait des progrès depuis vingt ans. Des leucémies inguérissables sont passées à l'état de souvenir pour de nombreux enfants. Des cancers devenus guérissables donnent à ceux qui en ont été victimes le sentiment d'une victoire aidée par la chance.

Alexandra, petite fille pleine de courage et de dignité, qui a triomphé d'une maladie difficile, tu auras appris à ta mère, aux infirmières et aux médecins qu'il ne faut jamais désespérer. Et tu as gagné, secourue par la médecine, épaulée par la chance, mais guidée par la vie que tu prenais à pleins bras et que tu serrais tellement fort qu'elle ne pouvait pas s'échapper. C'est grâce à des personnes comme toi, dont les jeunes années étaient vieilles de toute la sagesse du monde, que bien des médecins continuent à avancer lentement sur le chemin qu'ils ont choisi.

DU MÊME AUTEUR

Aux Editions Albin Michel :

CHANGER LA MORT
(en collaboration avec Pierre Viansson-Ponté).

IMPRIMÉ EN FRANCE PAR BRODARD ET TAUPIN
58, rue Jean Bleuzen - Vanves - Usine de La Flèche.
LIBRAIRIE GÉNÉRALE FRANÇAISE - 6, rue Pierre-Sarrazin - 75006 Paris.

ISBN : 2 - 253 - 04052 - 5　　　　　　◈ 30/6277/5